JN123813

「支える人を支える」まちを創る

福祉従事者がやりがいを持って働き続けることができる
まちづくり条例（新城市）の意義・展望

松下　啓一

穂積　亮次

前澤　このみ

長坂　　宏

川窪　正典

目次

はじめに

　新型コロナウイルス感染症は、さまざまな問題を提起したが、その最大のものは、日本の政治行政システムの脆弱性だと思う。人口千人当たりの病床数は、ほかの先進国に比べて圧倒的に多いのに入院難民が続出し、マスク一つ配るのに2カ月も3カ月もかかってしまった。発展途上国でさえ続々とワクチン開発を進めるなか、日本では一向に実用化されない。私たちは、世界第3位の経済大国、世界第一級の先進国だと思っていたが、日本の現状を目の当たりにして、悔しく・寂しい気持ちになった。

　コロナ禍からの学びはいくつもあるが、そのひとつが、いくらりっぱな制度や仕組みがあっても、それを担う人材がいなければ、その制度や仕組みは動かないということである。日本全体の経済的苦境（余裕のなさ）が理由の一つであるが、さまざまな分野で担い手不足による制度・仕組みの空洞化が広がっている。

　その傾向が特に顕著なのが福祉分野で、制度運営を揺るがすほどの大きな課題になっている。

　家族の形態が、三世代同居から、夫婦とその子どもだけで暮らす核家族、夫婦だけの二人世帯、さらには、ひとり暮らしの単身世帯へと広がっていくなかで、ひとりで悩み、傷つき、疲弊する人たちが増えている。それゆえ、これら人々を支える福祉の役割がますます重要になっているが、現実には福祉の仕事に対する市民の理解や関心は乏しく、市民の無知・無関心が、福祉を支える人たちの疎外感、孤立感を助長し、仕事への希望や自信を失わせることになっている。それが職業として福祉を選ぶことを躊躇させ、また希望を持って始めた仕事から離れる原因にもなっていく。

　人はいずれ福祉の世話になる。そのとき、間違いなく手を差し伸べられる体制（安心）があってこそ、人は存分に働き、人生を楽しむことができることを考えると、福祉従事者に支えられる市民が、福祉の仕事に関心を持ち、理解し、温かなまなざしで応援する「支える人を支える」政策づくりは、私たちの未来とつながっている。

また、支える人を支える政策づくりは、「支える側、支えられる側という対極の関係ではなく、地域に生きて暮らしている以上、誰もが支え・支えられるものである」とする地域共生社会の実践でもある。

　本書では、この問題に先駆的に取り組んだ愛知県新城市の「福祉従事者がやりがいを持って働き続けることができるまちづくり条例」を素材に、支える人を支えるまちづくりを考えてみたい。

著者を代表して
松下　啓一

第1章

福祉を支える人を支えるまちづくり

1．福祉ニーズは高い。しかし課題は多い

（1）さまざまな福祉ニーズの高まり

全国的な観点からみた福祉ニーズ

　福祉は、かつては家族が担うものとされてきた。しかし、高齢化、核家族化が進むなか、福祉を社会全体で支えることに方向転換し、介護保険制度などさまざまな制度がつくられてきた。

　わが国の社会福祉政策は、児童、高齢者、障がい者など支援を必要とする対象者ごとに、それへの対応を内容とする法律・制度として制定されている（対象者別縦割り的対応）。その内容も膨大で、複雑多岐にわたっている。

　たとえば介護ニーズは毎年増加している。介護保険制度における要介護又は要支援の認定を受けた人は、平成30年度末で645.3万人となっている。平成21年度末（469.6万人）と比較すると、10年間で175.7万人も増加している。

　福祉ニーズの高まりを社会保障給付費（年金・医療・福祉その他を合わせた額）でみると毎年上昇し、平成30年度は121兆5408億円となった。また、国民所得に占める割合は30.06％（前年比0.08ポイント増）となっている。

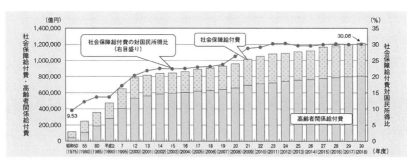

資料　社会保障給付費の動向　令和3年高齢社会白書

地域の観点からみた福祉ニーズ

　地域から見ると福祉ニーズは、さらに多様化、複合化している。札幌市第5次市民福祉計画は、次のようなケースが顕在的にも潜在的に増加してきていると指摘している。

①既存制度の利用と同時に、見守りや声掛け、生活支援、金銭管理、交流など既存制度外の支援が必要なケース。

②地域住民等による支援だけでは対応できず、認知症や虐待への対応、身体介護など専門的な支援が必要とされるケース。

③高齢の親と働いてない独身の50代の子が同居している世帯（いわゆる「8050問題」）、介護と育児が同時に直面する世帯（いわゆる「ダブルケア」）、障がいのある子の親が高齢化し介護を要する世帯など、さまざまな課題が複合しているケースがある。

　これらは従来の対象者別の縦割り的対応からはみ出る福祉ニーズといえるもので、ここに住民や地域を基盤にする地域の総合行政機関としての地方自治体の出番・役割がある。

(2) 地域の福祉が抱える課題（立法事実）

主な課題（介護制度を例に）

　地域の福祉が抱える課題は数多いが、主なものは財源と人材である。

　財源では、たとえば介護保険で見ると、介護保険制度で使われた総費用額は、スタート時の2000年度は約3兆6000億円だったものが、2019年度には約11兆7000億円と、およそ3.3倍に膨らんでいる。介護保険制度は、50%は公費・税、残りの50%は40歳以上のすべての人が負担する保険料で構成されていることから、それが政府・自治体の公費と国民の保険料の増加となって現れ、介護保険制度の運用をさらに困難なものにしている。

　人材面では、2019年で約211万人の介護人材がいるが、2025年には約243万人が必要となり、介護人材に限ってみても、このままでは約32万人の不足となる（「第8期介護保険事業計画に基づく介護人材の必要数について（2021年7月9日））。その他の福祉全体でも、福祉従事者不足が大きな課題となっている。

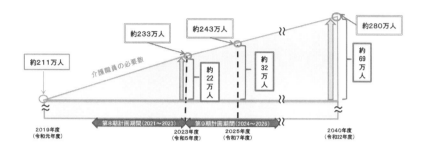

資料　第8期介護保険事業計画に基づく介護職員の必要数　厚生労働省

福祉サービス従事者アンケートから

　愛知県新城市では、市内で福祉サービス等に従事する福祉従事者に対して、働き方や処遇などの労働実態と課題の把握、今後の施策を検討することを目的にアンケートを実施した（2019年6月14日〜28日。配付1719人（126事業所）、回収1507人で回収率は87.7%と高かった）。

　このアンケートからは、次のような課題と必要性が見えてきた。

○福祉職として仕事を継続するにあたっては、自身が社会的に貢献していることや自身の能力を活かせているという実感、周囲の人が影響している（福祉の仕事をしていることの誇り、自己有用感、自己肯定感）。福祉職の重要性の周知、研修の機会の充実に加え、事業所横断的な顔のみえる関係づくりが必要である。

○ハラスメント経験の有無、仕事に関する悩みやトラブル等を対処できる環境の有無が、離職意向に強く影響していることがうかがえる。相談体制の強化等の職場環境の改善が必要である。

○離職意向がある人では給料・賃金に不満を感じている人が特に多い。同時に仕事量の削減や人員の増加も求められている。他方、非正規の女性では、柔軟な働き方の一つとして福祉職が選ばれている傾向もある。柔軟な働き方ができる職種であることをPRし、人員のさらなる確保につなげることも必要である。

福祉事業者の悩み

福祉事業を経営・運営する立場でも多くの課題がある。

やはり最大の問題は人材の確保で、報酬も含め制度に縛られている等の理由から、必要な職員の確保に苦労している。正規職員を増やすと事業所の人件費が足らなくなる等、経営基盤の脆弱さが、それに拍車をかけている。

新卒求人をしても職員が来ない。とりわけ若い男性職員が集まらない。福祉系の大学、専門学校、短大などでも学生の定員割れが起きている。いわゆる介護の現場が３Ｋ、４Ｋ職場と言われ始めた時期と重なっていて、若い人材の育成が専門教育の段階から困難となっている。また他の業種、業界との関係が希薄で、福祉、介護だけで完結してしまっているという閉鎖性も人材不足に影響している。

キャリアアップ制度が未確立で、組織の管理運営が未熟な管理者が多く、その影響か人間関係で離職する職員が多い。

こうした人材の不足が、当事者や家族から求められるサービス量とサービス水準（内容を含む）に充分に応えきれないという悩みに直結している。

福祉を支える人を支える政策は、福祉事業者にとっても喫緊の課題である。

2. 福祉人材の確保に関する国の政策・条例
（1）国の政策・施策
福祉従事者の人材確保のための処遇改善に関する法律

「福祉従事者」という用語がある法律は、「介護・障害福祉従事者の人材確保のための介護・障害福祉従事者の処遇改善に関する法律」（平成26年法律第97号）のみである。

法文は１条のみで、「政府は、高齢者等並びに障害者及び障害児が安心して暮らすことができる社会を実現するためにこれらの者に対する介護又は障害福祉に関するサービスに従事する者（以下「介護・障害福祉従事者」という。）が重要な役割を担っていることに鑑み、これらのサービスを担う優れた人材の確保を図るため、平成二十七年四月一日までに、介護・障害福祉従事者の賃金水準その他の事情を勘案し、介護・障害福祉従事者の賃金をはじめとする処遇の改善に資するための施策のあり方についてその財源の確保も

含め検討を加え、必要があると認めるときは、その結果に基づいて必要な措置を講ずるものとする」である。

　この法律では、福祉人材の確保は、「介護・障害福祉従事者の賃金をはじめとする処遇の改善に資するための施策のあり方」に関心が寄っている。

福祉人材の確保に関する国の政策

　福祉人材を量と質の両面から確保するため、厚生労働省もきちんとした問題意識を持ち、「参入促進」「資質の向上」「労働環境・処遇の改善」の3本柱で対応策に取り組んでいる。

　ア．多様な人材の参入促進

　①マッチング強化

・各都道府県福祉人材センターに配置した専門員による的確なマッチング（福祉・介護人材確保緊急支援事業）

・全国の主要なハローワークに「福祉人材コーナー」を整備（福祉人材確保重点対策事業）

・潜在的有資格者に対する再就業に向けた研修（福祉・介護人材確保緊急支援事業）

・介護福祉士の資格取得を目的とした民間委託による職業訓練（離職者訓練）

　②理解促進

・介護に関する漫画のイラストを活用したパンフレットの配布等（高知県の取組）

・セミナー等の開催（福祉・介護人材確保緊急支援事業）

・学校へ介護職の実態を描写した図書を寄贈（広島県の取組）

　イ．資質の向上

　①キャリアパスの確立

・研修体系の一元化（介護職員初任者研修の創設等）

・認定介護福祉士の仕組みの検討

　②キャリアアップ支援

・事業主が雇用する労働者に対し、職業訓練の実施などを行った場合に

訓練経費や訓練中の賃金等を助成（キャリア形成促進助成金）

・介護従事者が実務者研修受講の際の必要な代替要員を確保（福祉・介護人材確保緊急支援事業）

ウ．環境の改善

①**処遇改善**

・介護報酬における介護職員処遇改善加算の創設

②**労働環境改善**

・事業所のマネジメント能力の向上（介護労働安定センターの雇用管理改善等援助事業）

・介護従事者の雇用管理改善につなげるため、介護福祉機器の導入等を行った場合に助成金を支給（中小企業労働環境向上助成金）

・介護ロボット開発支援

(2) 福祉従事者に関する条例

　福祉従事者を対象とする条例は、全国的に見るとほとんどなく、助成金に関する次の条例がある。

○京丹波町介護福祉士育成修学資金の貸与に関する条例

　介護等の業務に従事しようとする者に対し、養成施設等の修学に要する資金を貸与することにより、地域福祉の充実に必要な介護人材の育成及び確保に資することを目的とする。

○飯南町医療及び福祉従事者確保対策助成金条例

　町内の医療機関及び福祉施設に勤務する意思のある医学生等に対し助成を行い、医療機関等の従事者を確保することを直接の目的とする。

(3) 地方自治体の役割

　福祉人材の確保・活性化は、国に任せるだけでなく、地方自治体においても、積極的に取り組んでいく必要がある。

・地方自治体は、縦割りに乱立している国の福祉関連の法律や政策を地域でならして、そのすき間を埋めるとともに、既存制度以外の分野についても対応する。

・地方自治体が中心となって、福祉従事者、事業者、市民等のそれぞれ自分の得意分野で力を発揮し、連携・協力しながら、福祉ニーズをフォローしていく。

・介護報酬や障害福祉サービス等報酬は国の基準で定められているため、事業所が、賃金引き上げを行うことは難しいものもある。国に対して、地域の現状や要望を国に伝えていくことも重要な役割である。

3.　自治体による福祉従事者を支える政策の意義と理論
（1）福祉従事者を支える政策とは
政策の空白を埋め、担い手側に光を当てる

福祉従事者を支える政策は、これまでの政策の空白を埋め、担い手側に光を当てる自治体の政策である。

これまでの国の政策は、支えられる側に注目するもので、児童、高齢者、障がい者など支援を必要とする対象者ごとに、それへの対応を内容とする法律・制度として制定されてきた。高齢者は介護保険法、障がい者は障害者総合支援法、児童は児童福祉法などがその例である。むろん、困難を抱える人をサポートするのが、政府の基本的役割なので、これは重要なことである。

それに対して、支える人（組織）への関わり方は、消極的・謙抑的である。それを補完、上乗せし、積極的・多面的に行うのが、自治体の福祉従事者を支える政策である。

福祉従事者を支えることの意義を確認し、その後押し・支援の重要性を宣言する

福祉従事者を支える政策は、福祉従事者を支えることの意義を確認し、その後押し・支援の重要性を宣言する政策である。

福祉従事者は、人々が平穏に暮らせる社会にとっての重要な資源である。きちんとした支え手がいてこそ、地域福祉の制度や仕組みは維持される。また、福祉従事者は、当然あるものではなく、その後押し、支援等によって支えないと、弱体化し、機能不全に陥ってしまう。

そこで、福祉従事者が地域福祉の担い手であることをきちんと確認し、

その機能を存分に発揮できるように後押し、支援していくのが自治体の役割でもある。

福祉従事者、市民、自治体が、それぞれの役割を果たすとともに、相互の理解のもとに、連携、協力して取り組む

同じ行政でも国と自治体とでは役割が違う。アンケート等をみると、福祉従事者における最大の問題が賃金であり、その賃金引き上げが最も重要だと回答している。ただし、介護報酬や障害福祉サービス等報酬は国の基準で定められているため、国の基準改定がない限り事業所が、簡単に賃金引き上げを行うことは困難である。これは国の役割であり、自治体等は、国へ対し報酬水準改善の要望を伝えていくこと等が必要である。

また、福祉従事者を支えるのは、行政だけではない。事業者、市民も地域共生社会の重要性を認識するとともに、福祉従事者のことを思いやり、互いに助け合い、理解を深めながら、相互に連携・協力することが不可欠である。人は支え、支えられてこそ社会で暮らしていける。

(2) 福祉従事者を支える政策の基本理論
個人を尊重する地域共生社会の実現

2015年10月に発足した第3次安倍晋三改造内閣では、その目玉プランとして、一億総活躍社会を提案した。一億総活躍社会とは、「若者も高齢者も、女性も男性も、障がいや難病のある人も、一度失敗を経験した人も、みんなが包摂され活躍できる社会である。一人ひとりが、個性と多様性を尊重され、家庭で、地域で、職場で、それぞれの希望がかない、それぞれの能力を発揮でき、それぞれが生きがいを感じることができる社会」である。

地域共生社会とは、「支える側」「支えられる側」という一方向の関係ではなく、「地域に生きて暮らしている以上、誰もが支え・支えられるものである」という考え方に基づいて、これまでの制度・分野ごとの縦割りを超えて、地域住民や地域の多様な主体が参画し、人と人、人と資源が世代や分野を超えつながることで、住民一人ひとりの暮らしと生きがい、地域をともに創っていく社会である。

　福祉従事者を支える政策は、この地域共生社会の考え方をさらに一歩前進させ、支える側を後押しし、支援する政策である。

公共の転換・新しい公共論から

　経済社会が成熟し、価値観が多様化しているなかで、市民から信託された自治体（行政、議会）による一元的な決定では、市民ニーズを満たさなくなっている。そこで、自治体だけでなく、自治会・町内会、NPOなどの民間セクターを公共主体として位置づけ、多元的な公共主体による多様なサービス提供によって、豊かな社会を実現していこうというのが新しい公共論の考え方である。

　簡単な話、一人ひとり事情が違う支え・支えあう仕事を行政はやりきれない。自治会・町内会、NPO等の民間セクターの知恵や経験、行動力といった資源を公共のために大いに活用して、「豊かな」社会を実現していこうというのが新しい公共論である。

　これが福祉従事者を支える政策の理論的背景となっている。

協働

　政策課題を認識し、施策メニューを考える際のヒントとなるのが、協働の考え方である。協働はしばしば誤解されるが、単に「協力して働く」という狭い概念ではない。もともとは「自治体とともに市民、自治会・町内会、NPO等が公共を担う」という考え方である。ともに公共を担っているから協働である。

　つまり、協働とは、これら民間の知識、経験、行動力といった市民パワーを社会的なエネルギーに変えて、公共サービスを実現していくことである（協働については、松下啓一『事例から学ぶ協働の成功法則』水曜社参照）。

　そこから発展して考えると、「力を出していないのは誰か」という問題になる。福祉従事者は、その力を十分発揮できているのか。大いに力を発揮できるように支えようというのが、福祉従事者を支える政策である。

(3) 福祉従事者を支える政策の性質

福祉に関する事務は基本的には自治事務

　自治体の事務は、自治事務と法定受託事務に分かれる。自治事務とは、市町村が行うべき事務であり、法定受託事務は、国（都道府県）が本来果たすべき役割に係る事務であって、その処理を自治体に委託した事務である。

　福祉に関する事務は基本的には自治事務で、介護保険事務、国民健康保険事務、養護老人ホーム入所措置事務等がこれに当たる。

　法定受託事務には、第一号法定受託事務（国が本来行うべき事務を都道府県または市町村が実施する事務）と第二号法定受託事務（都道府県が本来行うべき事務を市町村が実施する事務）がある。たとえば生活保護の支給決定は、第一号法定受託事務である。生活保護の支給基準が国の基準で一律に決められているので自治体に裁量の余地がない。ただし、生活保護関連でも相談や助言は自治事務である。

新たな任意的自治事務を切り開く政策

　自治事務も、必要的自治事務（法律・政令により事務処理が義務付けられるもの）と任意的自治事務（法律・政令に基づかずに任意で行うもの）の2種類がある。

　介護保険や障害福祉など、自治体が行っている事務の大半は必要的自治事務である。それに対して、任意的自治事務は、これまで乳幼児医療費補助費用の交付等の各種助成金に関する事務が中心であったが、この福祉従事者を支える政策は、新たな任意的自治事務を切り開く政策である。

(4) 主な施策メニュー

①支え手の資質の向上を図る施策

　研修や資格取得など、資質の向上を図ることができる施策を講じることで、福祉従事者が自信を持って、福祉の仕事に従事できるようになる。それが福祉サービスの質の向上等につながっていく。

②支え手になろうとする者及びそれを事業として始めようとする者を支援する施策

　中学生や高校生に対する福祉教育や幼い頃から日常生活のなかで福祉に触れる環境をつくることで、福祉の仕事に興味や関心を持つ機会を創出することにより、将来の福祉の支え手の確保につながる。

③支え手の活動を知り、学ぶ機会を創出する施策

　福祉の仕事が人を支え、地域や社会へ貢献していることを知ることで、やりがいと魅力ある仕事であるということを広くアピールする。また、福祉の仕事体験を通して、福祉の仕事に対する理解を深めることで、福祉の仕事に従事する人を励ますことにもなる。

④支え手及び市民、各種団体、行政の相互の連携及び協力の関係を構築する施策

　福祉の支え手や事業者が、分野や職種を越えてつながりを持ち、連携し、助け合うことで、福祉を取り巻くさまざまな課題の解決や負担の軽減、サービスの質の向上につながる。

⑤支え手及び事業者等を支援し、これらのものの社会的評価の向上を図る施策

　福祉の支え手や事業者等の社会的評価が向上する仕組みをつくることにより、支え手や事業者がやりがいをもって活動できるようにする。それが福祉の支え手の確保にもつながっていく。

4. 福祉従事者がやりがいを持って働き続けることができるまちづくり条例（新城市）

（1）条例の概要

背景

　本条例の前文に、条例をつくる思いが熱く語られている。その概要は次の通りである。

・人は人生において、さまざまな困難に出会うが、どんなときでも、個人として尊重され、幸福を追求する権利が保障されなければならず、それには社会福祉の事業が欠かせない。

・しかし、少子化・人口減少、超高齢化が進むなか、職業、ボランティア活動等の別なく、専門的な知識や技能を身につけ、目的意識を持って社会福祉活動にあたる福祉人材の育成と確保が困難になってきた。

・この現状を克服して、福祉サービスを持続的に供給させるには、人に寄り添い、人生の伴走者として共に生きる福祉従事者の仕事や活動が、それにふさわしい敬意と社会的評価を受けられるようにすることが肝要である。

・そこで、福祉従事者がやりがいを持って働き続けることができ、また、福祉従事者、事業者、市民、市が力を合わせて、共につながり、支え合う社会をつくるため、この条例を制定する。

なお、この条例の福祉従事者とは、福祉に関わる仕事に従事し生計を立てている人をはじめ、ボランティアとして福祉に関わる活動をする人まで、福祉に関わる全ての人を意味する。

全体構成

この条例は、全10条の基本条例型（政策フレーム型）理念条例である。基本理念のほか、施策の方向性や主要施策を規定する。

・この条例は、福祉従事者がやりがいを持って働き続けることができる地域社会を実現するため、福祉従事者の支援に関する施策を総合的かつ計画的に推進することを目的とする（第1条）。

・福祉従事者がやりがいを持って働き続けることができる地域社会を実現するため、福祉従事者の支援に関する基本理念を示す（第3条）。

・福祉従事者、事業者、市民及び市の責務を明らかにするとともに、これらの者の連携その他の基本的な事項を定める（第4条から第7条）。

・福祉従事者の支援に関する施策が総合的に規定される（第8条）。

・制度を動かすエンジンとして、福祉従事者支援施策推進会が定められている（第9条）。

第1条	目的	第7条	市の責務
第2条	定義	第8条	推進施策
第3条	基本理念	第9条	新城市福祉従事者支援施策推進会議
第4条	福祉従事者の責務		
第5条	事業者の責務	第10条	委任
第6条	市民の責務		

(2) 条例ができるまで・策定プロセス

福祉従事者の当事者性を重視した制定プロセス

　この条例は、市長の問題意識（マニフェスト）が発端である。それを現場の福祉従事者等で構成される福祉円卓会議が、現場に寄り添いながら検討し、その答申をベースに、現場の担当者が中心となって、福祉従事者がやりがいを持って働き続けることができる施策を内容とする条例案をつくっていった。福祉従事者の当事者性を大事にした条例づくりとなっている。

主なトピックス

①市長マニフェスト（2017年10月市長選挙）

　当時の穂積市長は、4期目になる2017年の市長選挙において、このテーマをマニフェストに掲げている。「福祉円卓会議を創設し、福祉職がやりがいを持てる地域社会を形成。福祉人材をみんなで育てるまちをつくります」。

　その趣旨を次のように説明している。

　「介護や医療や福祉など人の手助けが本当に必要になったとき、その手がまちがいなく差し伸べられる体制があってはじめて私たちは、存分に働き、消費し、人生を楽しむことができます。支え合う力のつなぎ目を果たしているのが、さまざまな福祉現場で働く人々ですが、その人材が不足しています。何よりもその仕事へ社会的評価が低すぎるからです。福祉円卓会議は、福祉に携わる多職種の専門家が完全対等の立場で問題を洗い出し、その解決策を導き出します」。

②福祉円卓会議への諮問・検討

諮問

　当選後、新城市福祉円卓会議条例（平成30年12月26日条例第39号）に基づき、社会福祉事業に従事する者の社会的評価の向上及び地域社会全体での人材の育成の推進を図るために、「福祉職がやりがいを持てる地域社会を形成するため、福祉人材を育てるまちづくり」について諮問した。

　「人口減少と少子高齢化が一層進行する社会において、市長マニュフェストでいう福祉人材が不足している大きな要因は、福祉現場で働くことが、それに見合った社会的評価を得られていないことにあります。誰もが安心してくらしていけるよう、地域社会全体で福祉現場で働く人がやりがいを持つことができ、人材を育成していく必要がありますので、その実施に向けた調査及び施策について、多様な立場、さまざまな視点から協議していただきたく諮問いたします」。

　福祉サービス従事者アンケートの実施

　市内で福祉サービス等に従事する福祉従事者に対して、働き方や処遇などの労働実態と課題の把握、今後の施策を検討することを目的に、福祉サービス従事者アンケートを実施した。

　アンケートについては、人間関係等の「職場環境」、収入や労働条件等の「処遇」、社会的評価や人材育成等の「支援環境」の三つの視点で仮説を設けて、目指す姿に向けた現状把握を行った。そのなかから新城市における課題と必要性が見えてきた。

　施設・事業所等の視察

　現状の課題として、福祉各分野における相互理解が十分でないとの意見を踏まえ、委員による施設の現状把握及び相互理解と今後の議論を深めることを目的とした視察を2回に分け実施した。

　施設・事業所によって、施設基準や職員配置等の決まりが異なり、各施設・事業所が創意工夫して対応していることを参加委員が互いに知り合うことで、今後の業務や施設運営に役立つものと認識された。

③福祉円卓会議から市長へ答申（2020年8月）
　1年半以上に及ぶ検討の結果、福祉円卓会議から住み慣れたまちで安心して暮らせるまちづくりのためにも、福祉従事者がやりがいを持って働き続けることができる施策が必要であるとして、重要な3施策とそれを担保する条例の制定が答申された。

　1　福祉職、福祉事業所に対する必要な施策の実施
　（1）福祉現場の魅力を伝えること
　　　福祉人材を確保するためには、福祉現場で働く人の仕事が、人に関わり、人を支えるやりがいのある仕事であることを広く理解してもらうことが必要である。
　（2）連携する仕組みをつくること
　　　福祉従事者や事業所は、法制度の縦割りを反映して、同じ市内で活動していても、つながりが少ない。市内の福祉従事者や事業者が分野や職種を越えて連携し、助け合うつながりを持つことにより、さまざまな課題の解決や負担の軽減、サービスの質の向上に資することになる。
　（3）福祉事業所を評価し支援すること
　　　福祉現場で働く人の満足度など職場環境を評価し、市の認定を受けると、サポートを具体的に受けられるような仕組みにする。

　2　必要な施策が継続できるための地域福祉に関する条例の制定
　　三つの必要な施策を実施していくために、単年度でその施策が終わることなく、年度をこえてその問題意識が引き継がれ、時代の動きに合わせて施策を変化させながら継続していくことが必要である。
　　福祉従事者・事業者、市民、行政が、それぞれが担う役割を明確にして、財源を有効に活用しながら福祉現場を支え、福祉人材を育てるまちに向かう基本となる仕組みが重要である。そのため、「施策の背景にある思いを包括できる」条例が必要である。

④条例検討会議設置（2021年1月）

　　条例の策定について、さまざまな意見を反映させて検討するため、新城市地域福祉条例検討会議が設置された。福祉従事者が中心となって条例案をつくっていった。

⑤条例提案・議決（2021年9月）

　　福祉従事者がやりがいを持って働き続けることができるまちづくり条例全会一致で可決された。

（3）目的

　　この条例は、福祉従事者がやりがいを持って働き続けることができる地域社会を実現するため、福祉従事者の支援に関し、基本理念を定め、福祉従事者、事業者、市民及び市の責務を明らかにするとともに、これらの者の連携その他の基本的な事項を定めることにより、福祉従事者の支援に関する施策を総合的かつ計画的に推進することを目的とする。

・福祉従事者が地域社会の福祉を支える重要な役割を担っている反面、福祉従事者を取り巻く社会環境・労働環境は決して十分とは言えず、とりわけ福祉従事者の人材不足が喫緊の課題である。

・この福祉従事者の人材不足は、市民生活に直結する。市民が、自らの生活のなかで福祉を必要とするときに、必要な福祉を受けて生活することができる環境を確保するためには、福祉従事者がやりがいをもって仕事を続けられる環境をつくる必要がある。

・福祉従事者がやりがいを持って働き続けられる地域社会の実現を目指し、福祉従事者、事業者、市民及び市がともに協力し、誰ひとり取り残すことなく、皆が生涯を通じて幸せに笑顔で暮らしていけるまちを創ることを目的としている。

（4）定義

①福祉従事者

　「市内で福祉サービスに従事する者」（条例第2条第1号）である。ここ

で「福祉従事者」とは、福祉に関わる仕事に従事し生計を立てている人をはじめ、ボランティアとして福祉に関わる活動をする人まで、福祉に関わる全ての人を意味する。

②事業者

「市内で社会福祉を目的とする事業を営む者」（条例第2条第2号）である。ここで「事業者」とは、職業として福祉に従事する人を雇用して、福祉サービス等を提供する組織・団体を意味し、これには企業だけではなくNPO等も含む。

③市民

新城市自治基本条例（平成24年新城市条例第31号。以下「自治基本条例」と言う）第2条第2号に規定する市民（前2号のいずれかに該当する者を除く）を言う。ここで「市民」とは、住民に加え、市内の企業で働く人たちや学校で学ぶ人たち、また、市内において公益活動する団体を言う。

(5) 基本理念

福祉従事者の支援は、福祉従事者、事業者、市民及び市が、地域における社会福祉及び地域共生社会の重要性を十分に認識するとともに、互いに助け合い、理解を深めながら、相互に連携し、及び協力し、福祉従事者がやりがいを持って働き続けることができる地域社会の実現を目指すことを基本理念として行うものとする（第3条）。

地域に生きて暮らしている以上、誰もが支え、支えられるものであることをしっかり認識し、理解を深めながら、相手のことを思いやり、その上で連携・協力していくことを全ての取組みの根幹としている。

(6) 関係者の役割

福祉従事者がやりがいを持って働き続けることができるまちは、福祉従事者、事業者、市民、行政等がそれぞれ持てる力を存分に発揮し、相互に連携・協力しなければ、つくることはできない。この条例では、第4条から第7条まで、主な関係者について、その役割を規定している。

①福祉従事者の責務

　福祉従事者自らが、必要な知識・技術に関する研修の受講や資格の取得、他の福祉従事者・事業者との情報交換・交流・事例研究などを行い、自らの資質の向上に努めることが必要である。福祉従事者は、相互に人格と個性を尊重し、福祉従事者としての資質及び福祉サービスの質の向上に努めるものとする（第4条）。

　福祉従事者は、自らが地域の福祉を支えているとの自覚と責任を持って、その責務を存分に発揮することが期待される。

②事業者の責務

　福祉人材の確保・定着・育成の基本は、社会福祉法人・福祉施設等組織が自らの経営責任で行うべき取組みである。事業者は、福祉従事者の労働環境の向上及び人材の育成並びに事業者間の連携及び協力に努めるものとする（第5条）。

③市民の責務

　市民は、自らが社会福祉を享受し、かつ、提供する者であることを踏まえ、福祉従事者の人格と個性を尊重し、市民、福祉従事者及び事業者間の相互の支え合いに積極的に取り組むよう努めるものとする（第6条）。

　市民は、自身が福祉による支援を享受する側だけでなく、福祉による支援を提供する側でもあることを踏まえて行動することが期待される。

④市の責務

　市は、福祉従事者がやりがいを持って働き続けることができる地域社会の実現のために必要な支援に努めるものとする（第7条）。そのうえで、第8条で5つの施策を示している。

（7）条例に基づく施策

　条例では、推進すべき施策として次の5つを例示している（第8条）。

①福祉従事者のスキルアップ

　福祉・介護の資格取得に対する助成、研修などを行い、仕事へのモチベーション向上を図る。具体的には次のような事業が有用である。

　　・新城市福祉・介護フェア

　　・新城市福祉・介護市民フォーラム
　　・福祉・介護サービス連絡協議会、新城福祉介護学会
　　・合同職員研修
　　・事業所に出向いて現場を確認しての出前研修
　　・雇用者、管理者、リーダー等階層別の研修を実施
　　・就職（復職）前研修
　　・外国人向けの日本語研修に対する支援
　　・福祉・介護の資格取得に対する助成

②福祉を志す人への支援

　日常生活のなかで福祉に触れる環境をつくり、福祉・介護フェア等によって福祉職の魅力を伝え、将来の福祉の福祉従事者を確保する。次のような事業が考えられる。

　　・福祉職の魅力を伝える写真展
　　・新城市福祉・介護フェア、新城市福祉・介護市民フォーラム
　　・福祉・介護サービス連絡協議会、新城福祉介護学会
　　・無料相談窓口の設置
　　・雇用者、管理者、リーダー等階層別の研修
　　・就職（復職）前研修
　　・外国人向けの日本語研修
　　・福祉・介護の資格取得に対する助成
　　・ICTネットワークや介護ロボット導入に対する助成

③知り、学ぶ機会の創出

　福祉の仕事を体験してもらう機会等をつくることにより、市民の福祉の仕事に対する理解を深める。次のような事業がある。

　　・市政番組「いいじゃん新城」、広報しんしろ「ほのか」等を活用した情報発信
　　・誰でも参加できるイベントで周知
　　・中高校生向けの体験型イベント、講座を開催、福祉教育の充実
　　・福祉職の魅力を伝える写真展
　　・新城市福祉・介護フェア、新城市福祉・介護市民フォーラム

④福祉に関わる者同士の連携

　福祉・介護サービス連絡協議会の設置・開催、イベント、合同職員研修等を通じて、分野や職種を超えて連携する。次のような事業が考えられる。

　　・福祉・介護サービス連絡協議会、新城福祉介護学会
　　・行事・イベントに関する作り物を共通利用できる仕組みをつくる
　　・無料相談窓口の設置
　　・「ほいっぷネットワーク」の利用拡大
　　・合同職員研修
　　・事業所に出向いて現場を確認しての出前研修
　　・雇用者、管理者、リーダー等階層別の研修を実施
　　・就職（復職）前研修
　　・外国人向けの日本語研修に対する支援

⑤社会的評価の向上

　市内の福祉従事者や事業者等の社会的評価が向上する仕組み（表彰、助成等）により、福祉従事者や事業者のやりがいの向上や福祉の福祉従事者の確保につながる。次のような事業が考えられる。

　　・就職祝金
　　・福祉職の魅力を伝える写真展
　　・新城市福祉・介護フェア、新城市福祉・介護市民フォーラム
　　・福祉・介護サービス連絡協議会、新城福祉介護学会
　　・福祉・介護の資格取得に対する助成
　　・ICTネットワークや介護ロボット導入に対する助成
　　・備品購入、施設改修に対する助成
　　・永年勤続表彰
　　・認定福祉事業所制度（仮称）

(8) 新城市福祉従事者支援施策推進会議

　福祉従事者、事業者、市民及び市は、前条の施策の推進を図るため、新城市福祉従事者支援施策推進会議を置く。新城市福祉従事者支援施策推進会議の組織及び運営については、会議に諮って別に定める（第9条）。

　第8条の推進施策は、年度を越えてその問題意識を引き継ぎ、時代の動きに合わせて施策を変化させながら継続していくことが必要となる。そこで、福祉従事者、事業者、市民及び市が、ともに協力して施策を推進していくことを目的として新城市福祉従事者支援施策推進会議を設置し、意見交換や情報共有、意識共有を図り、さまざまな課題の解決に向けて柔軟に対応していくこととした。したがって、この会議の組織及び運営は、福祉従事者、事業者、市民及び市の四者が同じ立ち位置で協議し決定していく必要がある。

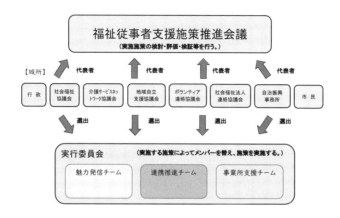

資料　福祉従事者支援施策推進会議イメージ図　新城市役所提供

(9) 条例スタート

福祉従事者支援施策推進会議

　新城市では、2022年度から新城市福祉従事者がやりがいを持って働き続けることができるまちづくり条例第9条に基づいて、福祉従事者支援施策推進会議がスタートした。

　この会議では、多様な人材の参入促進、流出防止、資質の向上、職場環境の改善等を具体的に推進するため、3つの実行委員会が設置されている。

　　○魅力発信チーム:福祉現場の魅力を伝えるような施策、魅力発信等（写真や動画による紹介など）

　　○連携推進チーム:課題解決や負担の軽減、サービスの向上を図るため、分野や職種を越えて連携できる仕組みづくり（合同研修、階層別研修）

○事業所支援チーム:福祉従事者や事業者等の社会的評価が向上する仕組みをづくり（永年勤続表彰、資格取得への補助金）

実施（計画）事業
2022年度は、次のような事業を実施した。
○イベント開催（しんしろ福祉フェス・テーマ「わたしたちにとっての福祉」福祉・介護等の仕事にふれて福祉に興味・関心を！ 誰もが「福祉従事者・提供者」であり「受け手・受益者」です。）
○福祉の写真展
○合同職員研修
○永年勤続表彰
2023年度は、次のような事業実施を計画・検討している。
○写真コンテストなど魅力発信や発表できるイベント
○福祉の職場紹介の動画作成
○合同職員研修
○階層別研修　初任者（1・2年目）・中堅（3年〜）・管理者に分け研修を実施
○永年勤続表彰
○福祉・介護の資格取得に対する助成

しんしろ福祉フェス・テーマ「わたしたちにとっての福祉」
　福祉従事者がやりがいを持って働き続けることができるまちづくり条例の実践が、2022年12月18日（日）に行われた「第1回しんしろ福祉フェス」である。市民が福祉・介護の仕事に触れることができ、福祉に興味と関心を持ってもらう機会とするためのイベントである。
　内容は、
・地域共生社会についての講演会のほか
・福祉に関する写真展（☆キラリしんしろ写真展）
・パネル展示による条例紹介
・福祉事業所の即売会

・次世代型介護機器等の展示

・健康体験

・キッズコーナー等

とみんなが知恵を絞った、手づくり感満載のフェスになった。

　象徴的だったのが福祉の写真展で、これは「あなたが思う「福祉」の写真」なら何でもというのが応募条件である。会場には、笑顔いっぱいの子どもの写真や猫などの動物写真も「福祉写真」として展示された。福祉という活動の広さと身近さを感じさせる写真展だった。

　福祉の仕事を頑張っている人を表彰する「☆キラリしんしろ福祉賞」も、地域で頑張っている人を応援するものだった。多くの表彰式では、「右代表○○」あるいは「以下同文」という表彰が行われるが、ここでは受賞者一人ひとりの活動を大画面で紹介し、インタビューをしながら表彰式だった。スポットライトを浴びることで、これまでの活動も報われるし、新たな決意も生まれてくる。福祉従事者に寄り添う表彰式といえる。

　会場では、「しばらくぶり」「元気にしている」という挨拶が交わされ、再会や旧交を温める場になっていたことも印象的だった。

福祉事業所即売会の様子

第2章

討論・福祉従事者を支える政策は、どのようにつくっていくのか（論点・勘どころ）

　新城市がつくった福祉従事者を支える政策を全国の自治体の標準装備とするのが、私たちの役割である。本書の刊行もその一環であるが、後に続こうと考えた自治体のために、本章では、この政策のつくり方を詳しく解説しようと思う。

　それには、この条例づくりに関わった人にご登場願って、話し言葉で、論点ごとに、分かりやすく説明してもらうのが一番ではないか。

　今回、登場いただくのは、当時の新城市長の穂積亮次さん、円卓会議や条例検討委員会の会長だった前澤このみさん、円卓会議ではアドバイザーという役どころの長坂宏さん、そして立ち上げ時の担当課長の川窪正典さんである。

　松下と新城市とのおつきあいは2009年からで、自治基本条例づくりが最初である。穂積さんは市長、前澤さんは自治基本条例検討委員会の委員長、川窪さんは担当課の職員だった。長坂さんとは、この福祉従事者を支える条例づくりからのおつきあいになる。

　私たちは、この政策は、福祉関係者の人たちの「熱い思いと汗の結晶」と考えている。その思いと汗を人に伝えることは簡単ではないが、ざっくばらんに、当時のこと、この政策の意義や背景、苦労したこと、政策づくりの勘どころ、あるいは今後のことなどを当事者の視点、現場の視点から大いに語ってみようと思う。

1. 自己紹介・この政策への思い

穂積亮次さん・前新城市長

松下　まずは、穂積さんから自己紹介からお願いします。

穂積　2005年から2021年まで（４期16年間）新城市の市長をつとめました穂積亮次です。

松下　新城市のことを知らない人もいるでしょうから、新城市の紹介をお願いします。

穂積　現在の新城市は平成の大合併を経て、旧の新城市、鳳来町、作手村の３市町村が新設合併をして誕生しました。2005年10月のことです。

　新城市は愛知県の東部、静岡県との境に位置しています。面積は約500㎢と広大で、市域の84%が森林ですが、一部過疎地も含む４万人強の市民が暮らす山あいの地方都市です。

　東海道新幹線の豊橋駅からローカル線で30分ほど揺られると中心の新城駅に着きます。戦国時代の合戦跡（長篠合戦等）や千年以上前からの古刹や温泉地をはじめ、歴史、文化、景勝にも恵まれたまちです。

松下　学生たちとの合宿地が新城市の湯谷温泉でした。さて、この政策は、穂積さんの４期目の市長選挙のマニフェストが発端で、穂積さんが言い出しっぺになります。穂積さんのこの条例に対する思いは前文に熱く語られていますね。改めて、この条例にかける思いをお願いします。

穂積　やはり何といっても福祉に携わる人々への社会的評価が、その担っている重責に比してまだまだ低く、人材が不足し、福祉サービスの持続可能性に大きなリスクが横たわっていることです。

　福祉の法制度は非常に複雑ですし、よい仕事をしようと思えば深い専門知識や技能、経験が求められますが、家族間介助の延長で見る向きも多く、その社会的理解は薄いのが実情ではないでしょうか。

前澤このみさん・新城市社会福祉協議会会長

松下　その通りですね。では前澤さん、自己紹介をお願いします。

前澤　2017年から新城市社会福祉協議会会長を務めております。新城市自治基本条例検討会議委員長・新城市市民自治会議委員・新城市福祉従事者支援施策推進会議座長などさまざまな活動に関わってきましたが、この活動の基には、みかわ市民生活協同組合（現生活協同組合コープあいち）の組合員活動があります。生協が母体の「地域と協同の研究センター」にも発足時から

会員として活動しております。

松下　前澤さんは、以前、「金持ちにはなれなかったが、人持ちになれた」とおっしゃっていました。前澤さんは、ずっと新城市にお住まいですか。

前澤　多くの人のつながりが財産ですね。生まれたときから新城です。小・中・高と地元の学校に通いました。これからもずっと新城に住む予定です。

松下　前澤さんは、新城市の社会福祉協議会の会長ですが、福祉の活動歴も長いのですね。

前澤　活動歴ではありませんが、母方の祖父が中途失明で目のみえない人でした。小さい頃は母の実家へ行って祖父の部屋に泊まっていました。祖父は朝目覚めとともにラジオのスイッチを入れて一日中、音を頼りにし、外出には白杖を持って出ることが当たり前でした。外出時に電車には乗りましたがバスはステップが嫌いで、いっしょに外出するとひたすら二人で歩きました。初孫の私はとてもかわいがって大切に接してもらいました。

　私は入学前の検査で左眼がみえないとわかり、小学生のあいだは祖父と同じ眼科に通い治療を受けました（残念ながら視力は回復しないままです）。

　母は若い頃から短歌が趣味で、母の知人に小児マヒでお母さんに支えられて短歌を詠み、さまざまな集会などにも参加される男性がみえました。子供心に、「人のやさしさや賢さは身体の状態とは関係ないなぁ」と感じていました。その方の歌集が出版されたときは周りの方々がとても喜んだ記憶があります。

松下　前澤さんは、不思議な許容性がある人だと思っていましたが、こうした体験が根っ子にあるのですね。

前澤　高校卒業後、農協、そして設計事務所へ勤めました。特に福祉の勉強をしたとか資格を得てはいません。

　設計事務所勤務時に母が病気で左半身麻痺になり、少しばかりの田畑もあったため会社を退職しました。「家に居るのなら」と高校の先輩から生活協同組合の組合員活動に誘われて、母が亡くなった後は組合員理事もつとめました。

　ちょうど介護保険制度が始まる時期で、「食の安全安心」を中心に事業や活動を広げてきた生活協同組合が福祉事業に参入することに組織内部で賛否

31

はありました。私は母を介護した体験から、日本中が一斉にスタートするなら未経験の生活協同組合にも可能性はあると福祉事業を始めることに賛成しました。20年以上を経た現在は、やはり始めていてよかったと感じています。

松下　介護保険制度は2000年に始まります。地方分権も2000年です。日本全体の大きな転換点ですね。

前澤　生協活動と並行して、当時開館したばかりの文化会館を借りて、大人たちが観たい作品の上演に取り組む活動もしました。そのグループの中心は交通事故で車椅子ユーザーになった方でした。「人間大好き！」な彼を通じてさまざまな方々と知り合い、手話通訳つきの観劇や文化会館楽屋入口へのスロープ設置など客席に座っていてはわからない経験をたくさんしました。

　彼が仲間たちの生活支援をしたいとNPO法人自立支援センター四岳館を立ち上げて１年ほどで病気で亡くなり、代表と事務所を失ったNPO法人を看護師でケアマネの資格を持つ女性と私が中心になって引き継ぎました。事務所には旧鳳来町役場の倉庫を借りて福祉有償運送を2011年３月末まで続けましたが、財政難と人手不足で法人を解散しました。

　その後、一市民として自治基本条例づくりに関わりました。

松下　その延長線に、この政策づくりがあるのですね。

前澤　2017年４月に、穂積さんから「頼みたいことがある」と言われたのがことの起こりです。2018年11月に、「福祉円卓会議」を始めたいと市の職員から連絡がありました。2020年８月まで、その円卓会議の会長を務め、その後、2021年１月から８月まで「地域福祉条例検討会議」の会長も務めました。現在は、「福祉従事者支援施策推進会議」の座長です。

松下　よくわかりました。この政策への思いをお願いします。

前澤　福祉の現場で働く人は、厳しい労働条件のなかで仕事をしています。一自治体ができることは限られるかもしれませんが、立場に関係なく励まし合うまちづくりができたらと思います。

長坂宏さん・社会福祉法人新城福祉会業務執行理事（レインボーはうす所長）

松下　自己紹介をお願いします。

長坂　社会福祉法人新城福祉会業務執行理事とレインボーはうす（障害福祉

サービス事業所）管理者という職責を兼ねていますが、一般的にはレインボーの所長さんと言われることが多いです。

松下　長坂さんと新城市とのご縁などをお願いします。

長坂　私も生まれも育ちも新城です。学生時代に一度新城を離れましたが、その後、今日までずっと新城市在住です。仕事はお隣の豊川市にある、あけぼの作業所という障害者施設の現場職員として23年間働いて来ました。そして19年前、ご縁あって新城市で社会福祉法人をつくるという知的障害のあるお子さんを持つ親の会（新城市手をつなぐ育成会）からのお声かけに応えて、法人立上げの活動に参加し、社会福祉法人新城福祉会レインボーはうすという施設を創りました。その後、障がい児・者のニーズに合わせて地域生活に必要な社会資源を創り続け、文字通り職場も新城となり今日に至っています。

松下　ご縁というのは、単なる偶然ではなくて、必然だと私は思っていますが、長坂さんに声をかける必然があったのではないでしょうか。

長坂　たしかに当時の新城市手をつなぐ育成会の会長さんは、自宅がご近所で地区の住民運動会で顔を合わせることが度々ありました。そして私が豊川でどんな仕事をしているかを知っていましたし、私の前の職場に見学に来られたこともありました。また、新城市手をつなぐ育成会の若い親御さんたちが、自分の子どもたちの将来の居場所を創ろうと活動をされていて、そのイベントにボランティアで参加したこともありました。だから、長坂という障害福祉従事者20年選手が新城に居るということは知られていたと思います。

松下　長坂さんも、今回の政策の検討当初から運営まで関わっていますね。

長坂　はい、そうです。円卓会議から現在の条例に基づく福祉従事者支援施策推進会議まで関わっていることになりますので、間もなく４年になります。ちなみに当時、円卓会議開催に向けて健康福祉部の担当者（川窪さん）から初めてお話を頂いたのが、2018年の８月だったように記憶しています。

松下　この政策への思いをお願いします。

長坂　穂積さんは市長時代、私たち福祉の専門職が、親御さんや市民の人たちと一緒に作り上げてきた社会福祉法人新城福祉会を「新城市の奇跡の一つ」と表現してくれました。そして何より穂積さんは、いつもマイノリティである私たちのことを温かく見守ってくれました。そんな中で穂積さんの市

長最終任期に条例づくりの機会を頂けたことはとても光栄なことでした。自分としては22歳のときから今まで職業として歩んできた障害者福祉の集大成としてこの条例づくりを位置付け、懸命に取り組みました。何故なら福祉というものに熱い思いを持って関わる次の世代へ大切なものをリレーできると思ったからです。

松下　ありがとうございます。それではよろしくお願いします。

川窪正典さん・新城市産業振興部副部長（産業自治担当）

松下　川窪さん、自己紹介をお願いします。

川窪　1990年4月に新城市役所へ奉職しました。産業畑、建設畑ばかり約20年勤めてきて、福祉畑だけは行きたくないなあと思っていたところ、穂積市政2期目で保護者の働き方等で保育・幼児教育環境が影響されない市独自の新城版こども園の担当になり、制度設計（2012–2013年度）と実施（2014–2018年度）を手掛けました。

　その後、穂積市政4期目に新城福祉円卓会議の立ち上げ（2018年度）に関わりました。

松下　この政策づくりでは、どこからどこまで関わったのですか。

川窪　委員候補者のリストアップ、就任依頼のための訪問面談から、アンケート調査の項目検討（概ね半分まで）、市内の福祉施設見学の提案と実施（1回目まで）に関わりました。

松下　この政策への思いをお願いします。

川窪　福祉円卓会議は前出の新城版こども園と同様に、穂積市長が提唱する「持続可能な地域社会の形成」のための自治基本条例に包括される一つの具体的なカタチだと思っています。

　福祉職は社会に不可欠な存在であるにもかかわらず、当事者にでもならない限り人々は「あまりに無関心であること」「あることが当たり前と思われていること」「福祉従事者による下支えがあってこその通常の生活が維持出来ていること」を感じていないことです。

　この「無関心さ」が、福祉に従事する人々の「支えられる人に対する熱意・思い」とのギャップの大きさが福祉に従事する人々の心を削り、潜在的

で慢性的な孤立感や諦めを感じさせ、やり甲斐の搾取になっていると感じていました。

そこに風穴を開け、支える側、支えられる側の両方が新城市で良かったと思えるような地域づくりに市職員として役立つことができる機会だと思いました。

欲を言えば、もう一歩踏み込んで、一方的に支える側、支えられる側に二極化するのではなく、大半は支える側にある人もできることは大いに活躍してもらい地域や周りの人に貢献し、必要とされてもらいたい。そうなることで、支えられる側がある場面では支える側に回り、よりよい相互依存が成立し、両者がやり甲斐（有用感）を感じられるところまで辿り着いてみたいと思っていました。

専門職でもない者が何を夢物語のようなことをと笑われるかも知れませんが…。

2. 福祉従事者をめぐるさまざまな課題・現場の悩み、苦しみ、憤り
（1）担い手不足
人手不足

松下　福祉従事者をめぐっては、さまざまな課題があります。その第一は、何といっても人手不足の問題です。第1章でも書きましたが、統計数値では、福祉従事者は、明らかに人手不足です。それがこの政策づくりの大きな理由ですが、実感としてはどうなのでしょうか。

長坂　昼間の9時から16時ぐらいの時間帯は、子育てがひと段落した主婦層中心に女性職員を確保できますが、早朝夜間、夜勤ができる職員は求人してもなかなか集まらない。24時間365日途切れない介護・支援を求められる入所施設やグループホームなどの職員は慢性的に不足状態ですね。

松下　同じ福祉でも、種類によっても違いがあるのですね。

長坂　あわせて高齢者介護と異なり、障害者福祉の現場では同性介護の原則があるので男性職員、とりわけ若い男性職員の確保は喫緊の課題です。

離職率の高さ

松下　介護職の離職率は、2007年は21.6％でしたが、その後、緩やかに下がっています。今では、全産業の離職率とはさほど変わらなくなってきたと言われています。統計でみるとそうなのですが、現場の感じでは、どうなのでしょうか。

前澤　2019年には7.8％と聞きましたが、2021年には18.1％に上がったそうです。コロナ禍でデイサービスが休業する、感染を心配して利用が減るなど日常の業務と雇用の継続がしづらかったことや消毒作業など現場での手間暇がずいぶん負担になっています。

　この3年間は、事業所も働く方々もずっと手探りのような状態が続いていると感じています。訪問介護のヘルパーさんはベテランも多く、「コロナ感染が心配で」退職される方もありました。

長坂　コロナ禍の影響もたしかにあると思いますが、市内や近隣市町村をみると、人間関係や待遇面で離職した人は、他業種への転職よりも近隣の同業種の事業所への転職を繰り返しているようにみえます。もちろんスキルアップのために福祉・介護の事業所を渡り歩いている人もいるとは思いますが、そこは少数ですね。

民間の紹介機関も高くて手が出ない

松下　民間の紹介機関もありますが、高くて手が出ないという話も聞きました。

前澤　実際に利用したことがあります。期間も短く限られた職種の方をお願いしたので仕方なかったと考えましたが、負担は大きかったです。

大学も定員割れが目立つ

長坂　人手不足の背景には、若者たちが進路として福祉・介護系の仕事を選択しなくなったことがあります。いわゆる介護の現場が3K、4K職場と言われ始めた時期と重なっています。若い人材の育成が専門教育の段階から困難となってきています。

　県内の老舗福祉系4年制大学でも学生の定員割れが起きていて、知り合

いの大学教員も学生集めのために県内、県外の高校を駆け回っています。

穂積　合併前の新城市では大学の誘致に取り組み、当時多くの地方で進められていた「公私協力」方式に基づき、福祉系の大学の設立にこぎつけました。ちょうど介護保険制度がスタートする時期で、介護福祉士等の専門職を育成するものとして期待されていました。しかし介護現場の厳しさが喧伝されるなか定員割れが続いて経営困難に陥り、設立後約10年を経て撤退に至りました。

福祉・介護分野は外国人にはハードルが高い

松下　多くの分野で、外国人に頼る場面が多くなっていますが、福祉の分野は制度も複雑で、また文化の違い等もあり、外国人が参入するのは、やはり難しいのでしょうね。

川窪　新城でも技能実習生として、製造業に従事する方々が大勢みえます。その方たちの多くが、できるなら日本に永住したい、自分たちの子どもはずっと日本で生活させたいと願っています。

　技能実習生を雇用する製造業の経営者（JCの先輩）からも、本人も努力し、経営者側も人材育成に投資し、せっかく日本に馴染んで労働意欲もあり、新城での定住を望んでいるのに、安易に手放してしまうのは忍びないという声があります。

松下　この点は、私も強く思いますね。本当にもったいない。

それでも、少しずつ外国人の受け入れが始まっている

川窪　慢性的な人手不足の介護分野等において、技能実習生として雇用することができれば過疎地域の担い手や地域の活性化にもつながるのではないか。そうした道筋を作ったり支援体制を行政として考えてほしいとの声を聞いています。

　こうした課題も現場の方々と一緒に考え実現できれば、一緒に考えてくれた現場の方々は大きな達成感が得られるでしょうし、支える人を支えることになるので非常に価値あることだと思います。

長坂　円卓会議のなかではそこまでの議論には至りませんでしたが、県内で

は私が評議員や理事を務める複数の社会福祉法人が連携協力してベトナムからの技能実習生の受け入れを始めています。本市でも新城市雇用創造協議会という組織が、福祉・介護事業者にも技能実習生受入れの仕組みを学ぶ研修会への呼びかけを始めました。この取り組みはこれからだと思っています。

(2) 孤立感や人間関係の悩みなど
どうしても孤立化しやすい

川窪　私自身が「RUN伴」という認知症理解啓発の市民活動にかかわってきた経験から、市内の施設や事業所等で福祉従事者として働いていても、互いの接点や課題・情報を共有する機会が少なく、どうしても視野が狭くなりやすい傾向があると感じていました。特に介護分野では顕著な感じです。

松下　福祉の仕事は縦割りになりやすいということも影響していますね。

川窪　地域福祉では、伴走型支援が必要とされる家族を中心に置き、さまざまな職種が円卓を囲むようにフラットな関係でチームを組む必要があるのに、課題解決型支援に陥りやすく、結果的に役割分担から入りがちです。
　資格面でもヒエラルキー（資格取得の難易度や社会的地位など見えざる格差）があり、フラットな関係性ができにくいなどを要保護児童等の会議などで感じていました。

それが離職の原因になる

前澤　孤立感や人間関係の悩みなどで、離職する人も多いです。

長坂　たしかに市内の福祉・介護業界同士でも横の繋がりは少なく、とりわけ、介護業界は異業種との関係が弱く、自分たちの領域だけで完結してしまう傾向が強いように感じます。

松下　孤立や人間関係など福祉従事者に寄り添うような施策は国では難しく、自治体の得意分野なので、自治体ががんばる部分ですね。

(3) 資質の向上・キャリアアップの難しさ
学びの機会の乏しさ

川窪　子ども達が将来の進路を考えるとき、現状の義務教育のカリキュラム

では福祉職も含め、さまざまな職業について詳しく学ぶ機会が少ないため、子ども達は職業選択とそれに向けた進路選択のイメージを描けないことが弱点であると感じていました。

　これは自分の経験に基づくものでもあります。大学進学の際、将来商社への入社を目指そうと思い、どの学部が好ましいのかを進路担当の先生に相談したところ、「自分のいた教育学部以外のことはよく分からない」とどストレートな答えが返ってきました。それがなぜか地元市役所の職員になってました（笑）。

松下　私の場合は、他の選択肢がなく公務員になりました。

川窪　話を戻しますが、行政の強みを活かしてできることは何かと考えたところ、総合教育会議ができたので、市の方針として位置付け、義務教育で福祉職に関する理解を深める機会を設けられれば、進路選択してくれる子ども達も出てきて、それを目標に高校・大学等を選択するようになるのではと考えました。

　この発想の根底には新城版こども園をマニフェストに掲げた穂積市長が市の全保育士対象に講話をした際に、採用面接で「どうして保育士になろうと思いましたか?」との質問にほぼ全員が「自分が幼いときに通っていた園の先生に憧れたから」と答えること。「こんなに早く将来の進路や夢を抱ける職業は他にはない。素晴らしい職業だと自信と誇りと持って職務に励んで欲しい」と話されたことがあります。

キャリアアップ制度が未確立

川窪　こども園の献立を担ってくれていた栄養士と保育に配慮が必要な園児の発達面と保護者へのサポートとそのため必要なこども園職員のスキルアップを担ってくれていた保健師の言葉が印象的でした。

　栄養士も保健師も児童福祉施設である保育所に関する業務に従事し自ら学ぶ努力をしても自身のキャリアアップに必要な経験年数にカウントされないとのことでした。背景には医療職資格であることと、児童福祉施設に配置が必須とされていないことなどがあると思いますが。

　こうしたことが福祉分野が敬遠されてしまう理由の一つであるとも感じ

ています。

　一方、介護分野は比較的キャリアアップが確立されていますが、報酬に見合うものではないレベルであることも問題だと思います。

　保育所など児童福祉も同様です。本市のこども園はすべて市立ですが、園長は一般行政職でいう係長職でした。

　保育士の安定確保のためには、男性保育士に就労希望してもらえるよう、園長を施設長として課長職に処遇を改善させることと合わせ、市独自のキャリアラダーを作り、キャリアアップ制度の見える化を図りました。

(4) 社会的理解の乏しさ
福祉は家族間介助の延長という認識

穂積　福祉全体に、家族間介助の延長で見る向きも多く、その社会的理解は薄いですね。

松下　私の娘も、保育の現場で働いていたことがありますが、驚くほどの低賃金でした。これなども家族間介助の延長線なんだろうと思います。

穂積　家族間の介助は「扶養」の義務と責任の領域で、基本は家庭内で完結するものです。家庭内ではどうしても処置できないケースで、はじめて政府なり自治体なりが救貧対策や行政措置として対応してきた時代が、現代の福祉制度よりもずっと長い歴史をもっています。

　家族間でやっていたことなので、特別な能力や知識がなくても誰でもやれることを肩代わりしているだけだろうと、そんな無意識の前提があるように思います。

現代福祉制度が目指すもの

穂積　けれど現代の福祉制度が目指すものは、これとは違うものです。障がい者への自立支援・就労支援、高齢者への介護予防や健康寿命延伸ケア、発達障がい児への切れ目のないフォローやインクルーシブ教育などなど、全ての人の生涯にわたる発達支援と心身の能力拡張を追求していて、そこには、「血のつながりがない人」が関与するからこその、深い人間理解とコミュニケーション能力、専門知識に裏打ちされた介助技術等々が求められます。

そして障がいのあるなしにかかわらず、誰もがその人らしく、また誰もが排除されない、多様性のある共生型の社会構築の一翼を担っています。そのなかには当然ながら家族支援も含まれるでしょう。

　ですから現代の福祉制度は、それぞれの当事者への支援・介助とともに、家族支援にも大きなウエイトを置いてこそ、本来の目的を果たせると思います。

求められるサービスと提供できるサービスとのギャップ

長坂　私たちは未だ当事者や家族から求められる支援・介護サービスの量と質に充分に応え切れていません。とりわけ障害分野では、医療的ケアの必要な利用者さんや行動障害の強い利用者さんには職員がマン・ツー・マンで支援することが必要になりますし、その職員には当然のことながら高い専門性が求められます。量・質ともにまだまだ課題は多く、発展途上とも言えます。

(5) 経営側の問題

経営基盤の脆弱さ

長坂　そもそも福祉・介護業界は医療法人がバックにないところは老舗の社会福祉法人以外、経営基盤は極めて脆弱ではないでしょうか。措置から契約制度になり社会福祉法人以外の多様な法人格が参入していますが、報酬や職員の配置基準は国の法令で決められていますので、経営的に収入を増やすといっても、報酬加算を取るか、利用率を高める以外方法はないと思います。

松下　今年は介護倒産が過去最大でしたが、人手不足と運営費の高騰は、福祉業界も直撃しますね。

長坂　コロナ禍で利用率の低下、そこに追い打ちをかけるように電気代やガソリン代の高騰で、経営はますます苦しくなったと思います。また現場に求められた新型コロナウイルスに対する厳しい感染対策や行動制限、これらは人手不足にさらに拍車をかけたのではないでしょうか。コロナ禍でひところ外食産業などのサービス業から福祉・介護へも人が流れると言われましたが、新城市を見る限りではそのような風は吹かなかったように思います。

経営力・経験の不足

長坂　組織の運営管理に関して未熟な管理者が多く、そのためか、人間関係で離職する職員が多いのも事実です。福祉・介護のベテラン専門職員イコール経営者、管理者には必ずしもなり得ないということだと思います。

松下　このあたりに関する施策は、行政は苦手ですね。

穂積　苦手というよりも無関心に近いと思います。しかし円卓会議や条例制定で光を当てたかったことでもあるのです。

(6) 自治体のスタンス

福祉は国からの依頼の仕事？

松下　介護保険事務、国民健康保険事務、養護老人ホーム入所措置事務等など福祉に関する事務は基本的には自治事務です。ただ、法令等で縛りがある必要的自治事務とされています。過日、ある市長さんにお会いしたら、福祉の仕事は、「国や県からの依頼の仕事」と言っていました。これが実感なのでしょうか。

穂積　介護保険制度が、本来はその関係性を逆転させるものであったはずです。基礎自治体が保険者となり、現金給付の福祉ではなく人的援助サービスを主体とした福祉に移行するものだったからです。また介護保険制度誕生の経過を見ても、自治体職員の奮闘が実に大きな役割を果たしたと聞いています。

　ただ福祉の法制度は複雑なうえに、法改正や運用変更などがそれこそ年ごと、いや時には半年単位くらいの感覚で行われていくので、現場はそれについていくのが精いっぱいなところがあります。それらはすべて国―県の経路で示達されてくるので、たしかに自治事務との認識は薄くなるかもしれませんね。

松下　介護保険の要介護認定や障害福祉の障害支援区分認定など、重要かつ手間がかかる仕事が市町村に任されています。

AI の助けを借りればよいこと

川窪　国県からの委託業務は必要なものですが、限られた人数の基礎自治体

職員を積極的に割くべきものでなく、AIで事足りる「作業」だと思っています。

松下　面白い意見ですね。もう少し詳しくお願いします。

川窪　これは子ども未来課で、子どもの発達や子育てで困難さを抱えているご家庭の相談を受けるなかで感じたことです。申請書への記入やチェックシートの項目を埋めてもらって、保育認定区分等のジャッジをするだけならAIで十分です。職員が窓口対応する意味がありません。

窓口は支援が必要な市民と接点を持つチャンス

川窪　そもそも市役所は市民の方にとって来やすい所ではありません。窓口でうまく説明できなかったり、制度等の理解が曖昧なのが当たり前だと思います。自身が困難を抱えている状況にあることが認識できていない方もみえます。

　窓口に来てくださったことは支援が必要とされる市民と接点を持つビッグチャンスです。

　市民に直接接する基礎自治体で新城市のように職員も市民も顔の見える関係性があるからこそ、社会的孤立に至らないチャンネルとして血の通った存在（「困ったり迷ったらとりあえず市役所」に応えられる存在）であるべきだと思っています。

　案件あたりの時間短縮によるコスト削減や生産性を求めるのは福祉分野には馴染まないと思います。

松下　これは、ご自分の経験からだとおっしゃっていましたね。

川窪　自分が介護認定を受けることになったとき、「どこにケアマネお願いしたらいいかなと」と相談したところ「行政からどこがいいとはいえません」と相談の本意に気づいてもらえませんでした。

　こちらの聞き方も悪かったとは思いますが、聞き方さえ分からないのが当たり前として相談の本意や背景を探ってもらいたかったと強く感じ、もうここで相談なんかするかと思いました。

　知人を頼ったところ「まだ若いし、機能回復の可能性があるから、医療系に強いところがいいんじゃない。どこどこは看護師上がりのケアマネがい

43

るからどう」、聞きたかったのはこうした記載されていない情報だったのです。選択するのは当事者なので選択に必要な情報が欲しかっただけで決めてほしいわけではないのです。

　このレベルなら今はチャットボットでも十分かも知れませんが…。

助成金競争の功罪・報酬加算は得策ではない

松下　他方、乳幼児医療費補助等の各種助成金の交付等の仕事は、法律・政令に基づかずに任意で行うもの（任意的自治事務）ですが、ここでは助成金競争になっています。自治体間競争が、住民サービスの質を上げるという側面がありますが、何か大事なところが違うような気がします。

穂積　これは自治体経営の当事者にとっては、悩み多き課題だと思いますね。自主財源の多いところでは、こうした施策は手がつけやすく、それを歓迎しない住民もまずいないでしょう。またそれが先例となって全国標準として国の政策になっていくこともあるので、住民ニーズがある限り積極的意味もあると思います。

　では今日のテーマである福祉人材の確保に、自治体が独自の助成策等を実施したらどうでしょうか。就学・就労に関する奨励金、各種の報償制度など、すでに実施されている例もあるかと思います。一番要求の多い賃金等に独自加算をつける例はまだ聞いたことはありませんが、可能性がないわけではない。

　ただこれまでいろいろな分野で行われた同様の事例を見る限り、行政が外から政治的に持ち込んだ報酬加算は長続きしないことが多いように思います。

　福祉現場での賃金等は、純粋な収支原理で決まっているわけではなく、介護報酬や診療報酬に典型的なように、国の政策的差配で大きくコントロールされています。簡単に言えば、福祉事業では「損も出ないが大きな利益も出ない」ように最初から枠が固められていて、経営効率を上げてそれを賃金アップにつなげるメカニズムが働きにくい事情もありますね。

川窪　報酬（賃金）の問題は、福祉従事者にとっては切実な問題ですが、これは国が制度として整備すべきものであると思います。

基礎自治体で独自の加算に走れば、一時的には人材確保が出来ても、続けることが難しいので、この点で福祉従事者を支える政策を考えるのは、長い目で見れば基礎自治体の大小を問わず、得策ではないと思います。

本来の自治事務として・自覚と気概、能力向上

松下　国や県の制度に縛られず、地方の課題は地方で考えることがこれからの時代は益々必要になってくると思いますが、福祉従事者を支える政策は、その大事なひとつだと思っています。

穂積　誤解を恐れず言えば、福祉を名実ともに産業として育成し、確立していくための下支えの機能を果たす必要があります。

産業として確立するとは、そこで働く人が一家の生計を成り立たせ、それを基盤に人生設計を立てられることです。それには継続的な資本投下の対象となっていることが欠かせませんが、それが可能になるのは、社会の期待値にこたえるサービス価値を生み、提供し続けるときです。

先ほど、家族内介助と現代福祉制度の質的違いを述べましたが、ひるがえって福祉現場を担う側にこそ、その自覚と気概、絶えざる能力向上が求められるということでもあります。

自助・共助を進めるための最大の公助は規制緩和

川窪　福祉分野で感じるのは、自助・共助を進めるために最大の公助は「施し」でなく規制緩和だと思っています。

松下　最大の公助は、規制緩和というのは面白いですね。

川窪　超高齢化・過疎化の地域において、生活の質を維持し、人が豊かさを感じ、かつ尊厳をもって生きていくために重要なことは、「メシ（生命と健康維持のため食事できること）・ゴミ（ゴミ集積場までゴミ出しできない。ゴミ屋敷化予防・セルフネグレクト対策）・アシ（通院と買い物等の移動手段の確保。人との交流や孤立化防止、移動及び買い物等での選択の自由と自己決定の自由）だと思っています。

松下　いずれも私的自治の世界で自助の分野ですが、それが困難になってきたということですね。

川窪　たとえば公共交通ですが、新城市のような財源基盤が脆弱な自治体では、利用者減による不採算を原因として撤退を考える公共交通事業者を引き留め続けるだけの十分な助成等を継続していくことは困難です。

　運転免許証不要のセニアカーは時速 6 km までしか出せないし、風雨をしのげないので、新城市のように市域が広く、医療機関や商業施設が分散している状況では実用性に欠けます。

　タクシーも、都市部と違い生活に必要な拠点が分散している本市では、移動距離が長くなり、年金生活者にとっては、経済的に厳しいですね。

　本市における持続可能な地域社会形成には、自宅から直接目的地または基幹となる鉄道駅や路線バスの停留所までをつなぐ住民タクシーのような移動手段が必要です。この共助をよりやりやすくなるような規制緩和が必要です。

　また、規制緩和と並行して、移動支援に使用される車両には安全運転装置の装備や一定額以上の補償が確約された任意保険への加入を条件づける等の新たな規制と費用負担の「公助」も必要と考えます。支援先を分散させ福祉従事者の負担軽減を図ることは「支える人を支える」ことに繋がると思います。

3.　どうすれば政策として設定できるか・政策提案の勘どころ
（1）政策メニューとして取り上げるには
政策の窓モデルから・三つの流れが合流したときに政策の窓が開かれる

松下　どうすれば、政策が俎上にのり、政策課題として設定できるかについては、参考になるのは、J・W・キングダンの政策の窓モデルです。このモデルによれば、問題の流れ、政策の流れ、政治の流れの三つの流れが合流したときに、政策の窓が開かれる（政策が設定される）としています。

　（1）問題の流れとは、いくつかの政策課題のなかから、政策立案者に取り組むべき政策課題として認識され

　（2）政策の流れとは、いくつかのアイデアのなかから、実現可能性や価値観に合致した政策アイデアが練られていく、それが利用可能な状態にあり

（3）政治の流れとは、政治的に好機なとき

　この三つの条件が満たされたときに（流れが合流したとき）、政策課題として設定されることです。

穂積　「政策の窓」モデルは、松下先生の紹介ではじめ知った理論で、私自身は的確な評価も、付け加える何ものかも持っていませんが、とても興味深い定式化だと感じます。

問題の流れについて・担う人材がいなければ制度もできない・東三河広域連合の体験から

松下　政策の窓モデルでは、統計資料など社会指標の変化、事件や事故などの注目が集まる出来事、政策の評価結果などによって、政策課題として認識されるとしています。穂積さんが、福祉従事者を支える政策をつくろうと考えた、その契機や背景は、どんなことでしたか。

穂積　私のより直接的な体験の一例を申し上げます。

　新城市を含む東三河地域の８つの市町村（豊橋市、豊川市、蒲郡市、田原市、新城市の５市と、北設楽郡部の設楽町、東栄町、豊根村の３町村）は、2015年に広域連合（特別地方公共団体）を設立しました。この連合では2018年から介護保険事業を市町村単体のものから広域連合の一体的所管へと移すのですが、設立当初からその準備作業としてさまざまな課題を洗い出していきました。

　そうしますと介護サービスの地域間の格差や相違が浮き彫りになってきます。とくに施設サービスや民間事業者の進出度合いについては、都市部と郡部町村との格差は顕著です。

　そこで連合では、ある施設サービスを山間地域に提供すべく民間事業者の後押しをして、実現の間際までこぎつけるのですが、この計画は残念ながら頓挫してしまいました。どうしてもそこで働く人手が確保できなかったのです。

　ニーズがあり、制度もある、施設も財源もメドをつけた、しかし人材が確保できずに諦めざるを得なかったのです。

　この事態を目の当たりにして、北設楽郡で起こったことは明日には新城

市で起こることだと身に染みて実感しました。また新城市の役目として北設楽郡町村への直接的支援も求められます。労働力人口全体が減少するなかでは、人材の「取り合い」も激しくなるでしょう。お金や設備がなくなる前に人がいなくて出来なくなるサービスや施策がそこらじゅうで起こってくるのです（なお広域連合では、以来、中山間地域での福祉人材の育成を重点施策としてリストアップしています）。

松下　なるほど、いくら制度があっても、担い手がいないために動かないという具体的事例ですね。人口減少時代における自治体間の人口の奪い合いから、さらに進んで有為な人材の奪い合いも起こってくるということですね。地方分権の負の部分である、お金持ちの自治体がお金に任せて「先進的な」自治をするという事態が生まれるということでもありますね。

穂積　それはもう足もとで実際に進んでいることではないでしょうか。公共投資によって整備された各種施設には、必ず人員配置の決めごとが定められています。利用定員何人の施設であれば、これこれの資格取得者を何人に一人の割合で置かなければならない、という風ですね。法令上の要件なので勝手にパスはできません。自治体間の取り合いを回避する手段の一つが「広域連携」です。

政策の流れ・実践者と連携できるかどうかが決め手

松下　政策の窓モデルでは、実現可能性や価値観に合致した政策アイディアが練られ、利用可能な状態にあることが、政策の窓が開く条件のひとつとなります。

　福祉従事者を支える政策の施策アイディアは、円卓会議からたくさん出されていますね。現場の当事者たちで構成される円卓会議で政策アイディアがつくられていくのは、興味深いですね。

穂積　円卓会議のモデルとして私が見ていたものがあります。それは「地域包括ケア」を構築するプロセスです。在宅、訪問、施設の各サービスの担い手だけではなく、医療、看護、リハビリ、ケアマネージャー、法務、行政、居宅改装、食事指導などなど、実に多様な職種の専門家や実務者が同じテーブルについて課題を共有し、一連の流れとなるプログラムを組む、そんな作

業が必須となったのです。

　「多職種」であるとともに「多機能」なパッケージを構築することですが、これは現場の人にとっても初めての経験です。私も何度か、この話し合いの場に同席したことがありましたが、それ自体が互いの学びの場でもあったのです。

松下　ただ、新城市の政策を見ていると特別なことではなく、難しい政策の検討などでも市民に委ねてやっていますね（公開政策討論会など）。

穂積　はい、ここに住民自治のさまざまな仕組みのなかで共有化されスタンダード化されたものが加わっていったと思います。

声をかけられて・つくり手がワクワクする

松下　円卓会議でのご苦労は、後に、この事務を担当した川窪さんから詳しく聞くとして、円卓会議がつくられると聞いて、前澤さんや長坂さんは、どう感じましたか。

前澤　正直なところ、1年前に「頼む」と言われたことがこれ（円卓会議）なのかと思いました。福祉部門の仕事だけを特別に取り上げるのは、市民のみなさんにひいきだと言われないかと心配しました。

松下　ひいきですか（笑）。

長坂　一体、どんなメンバーで、どんなことが、どんな風に話し合われていくのか、興味津々、かつ、ワクワクしました。そして何より、いよいよ福祉という領域に穂積さん自らがスポットライトを当て、円卓会議という具体的な取り組みが始まることに感動を覚えました。

（2）行政の役割・政策提案の勘どころ
市長の役割・ボトムアップが難しい政策

松下　政治の流れでは、政策の受益者である市民の社会的な受容性（世論や社会の動向、雰囲気、時代へのマッチ）、市長が置かれている政治状況（議会との関係、選挙事情）がポイントです。少し詳しく聞きたいと思います。穂積さんは、つい最近まで市長だったので、少し突っ込んで話を伺います。

穂積　率直にいうと私個人は、市長になる前は福祉に関する経験も知識も薄

い方でした。政治的関心領域としては、遠い方だったのが正直なところです。

　先ほど長坂さんが新城福祉会・レインボーはうすの取り組みを、私が「新城の奇跡」と評したことに言及されましたが、これは市長となってからの見聞や学習の結果として本当の実感として申し上げたのです。前にも触れましたが、福祉の法制度はめまぐるしく変わっていくのですが、長坂さんたちはそれにも高感度のアンテナを張り、その先その先を読んで事業所としての対策を立て、それによって経営を安定させてこられました。

　また新城版こども園をつくるときは、障がいを持つ子ども達への理解促進のための職員研修に立ち合い、私自身の無知や無理解を教えられました。

　その他さまざまな場面、領域で市長としての見識を鍛えていただいたので、この政策も福祉現場の皆さんの地道な、また創意ある取り組みに触発されたものなのです。

松下　この福祉従事者を支える政策は、ボトムアップが難しい政策なので、首長のイニシアティブというかセンスが大きな要素を占めますね。

産業としての福祉を育てるのも行政の役割

穂積　先ほど、福祉は産業として成り立っているか、という問題をお話ししましたが、長い歴史を持った産業分野では、労使それぞれに確たる利益代表が組織されていて、その関係性のなかで労働協約のようなものが定着していきます。

　それに伴って人材育成や労務管理のプロが配置され、キャリア形成を系統的に進めるプログラムが運用されています。職場のリーダー層が新陳代謝を繰り返しながら途切れることなく世代継承され、その事業体のアイデンティティの中核を担っています。公務員職場だって同様です。

　福祉分野ではまだそうなってはいません。介護保険制度が始まってからでもまだ二十数年しか経っていないので、決して悲観することではないと思いますが、そうであるからこそ、この領域を意識的に開拓する意義も強調したいです。

　むろん形の上では福祉サービスも、政府の産業分類のなかでは産業の一分野とされていますが、歴史そのものも社会的認知度合いも必ずしもそう

なってはいません。税や社会保険料の投入も大きなウエイトを占め、各種報酬や利用料体系も政府が強くコントロールしています。

　福祉が行政の「措置」であった時代の延長のようなところもあります。福祉について「措置から契約へ」と謳われてはいても、それにふさわしい経営体系が確立されているとは限りません。

　この問題に対する社会的関心を高め、当事者たちからは口に出しにくいことも議論の土俵に上げ、福祉サービスが経営体として成り立つように促すことは、政治・行政の責任でもあると考えてきました。

市民が市長を説得する際のポイント

松下　私も政策起業家という立場から、いろいろな市長さんにお会いしたときに、この政策をすすめますが、話は聞いて頷いてくれますが、なかなか具体化しません。役所以外の部外者・市民が、どのように話したら、市長さんは、よしやってみようという感じになりますか。

穂積　なかなか他人のことは分かりませんが、政策を動かすのも結局は人なので、それぞれの人の価値観にヒットするかどうかで、かなり違ってくるように思います。政策といっても無個性のものではなく、それぞれなりの解釈の幅があります。その市長さんの一番の関心領域は何か、それに対してどんな価値観からアプローチしているのか、それと提案しようとしている政策（たとえば「福祉」）が、どんな形でかかわってくるのか。かなりじっくりと話し込まないと分からないこともあるとは思いますが、やはり事前リサーチが物をいう場面も多いのではないでしょうか。

松下　ありがとうございます。今度、試してみます（笑）。

職員からこの政策を持ち上げるには・市長の説得ポイント

松下　この本を読んだ職員が、市長さんを説得する際のポイントは、どこにありますか。

穂積　「うちがこうすれば新城市の条例なんて簡単に超えられます」ですかね?

松下　市長さんが、よく話を聞いてくれることが前提ですね。

穂積　それと市の政策体系を練り直す時期、たとえば総合計画の見直し、各種計画の策定、選挙時の公約・マニフェスト策定時期などにすり合わせることもあるかと思います。

シルバーデモクラシーとの折り合い・「支えられる側」が「支える側」という視点

松下　日本の政策づくりでは、政策が大きく曲がるときがあり、その要因が中小企業とシルバーデモクラシーです。ただ、福祉従事者を支える政策では、シルバーデモクラシー側の関心、ニーズとうまくフィットしますね。

穂積　私の3期目のマニフェストでは「若者政策」に大きなウエイトを置き、後に若者議会の創設につながるスタートラインを引きましたが、4期目では「超高齢社会」を豊かにする仕組みを強く意識しました。

　「支え合う力」と「稼ぎ出す力」の合成がそれです。年金経済を地域経済循環のなかに位置づけること、「支えられる側」が同時に「支える側」になるサイクルを構想することなどもそれに当たります。

松下　「支えられる側」が「支える側」になるサイクルというは、単にマンパワーというだけでなく、年金経済等を通じて、地域経済の主体にもなるということでしょうか。

穂積　その通りです。地方都市では年金収入が総所得のなかでかなりの割合を占めています。それが地域経済を潤す循環に組み込まれていれば、所得の世代間移転に資することになります。現役世代の拠出が高齢者の年金所得へ、年金所得からの消費や投資が現役世代の収入や雇用機会創出へ、という流れです。この場合のポイントは地域金融の動きにあるのですが、福祉を産業にするということとも密接に関係してきます。

市長への提案のタイミング・選挙の1年くらい前までに

松下　超高齢社会であるし、高齢者にとっては、福祉従事者の安定は、身近な問題です。再選が基本の行動原理から考えたら、市民アピールや実績づくりには、いい政策だと思いますが。

穂積　よく政治学の世界では、政治家の行動原理は次期選挙での当選をめざ

すことだと言われたりしますが、どうもそう簡単に割り切れるものではないように思います。今期が最後で次期はないと決めている場合もありますし、これをやるために政治家になったので、その結果次に落選しても本望なんていう人もいるでしょうし。もちろん一般的には次の選挙をたえず意識しているものでしょうが、そこから規定して常に合理的かつ功利的に判断しているかというと、人間のエモーショナルな面はまた違っているように感じます。

　集合的・組織的存在としての政治家・政党をみれば、次の選挙でどうなるかが最大の関心事であることは否定しようがないかもしれませんが。

松下　そうなんですか。政治学の本に「政治家は再選を目指す」と書いてしまいました（笑）。ちなみに、次の選挙をにらんで、市長さんは、どのくらいの時期から次のマニフェストを意識するものなのですか。

穂積　漠然とは常に意識しているものですが、具体的に形にしていくのは、選挙の１年前から半年前くらいの時期ではないでしょうか。

松下　ということは、このタイミングを意識して、提案すれば、政策になっていくということですね。これも今度試してみます（笑）。

地方交付税の算定基準には入っていない・自治体の標準的な事業ではない

松下　若者参画政策のフォーラムをやったとき、穂積さんは、この事業は地方交付税算定基準には入っていない。つまり、若者参画政策は、自治体の標準的な事業ではなく、その費用は、自分たちで負担しなければいけないと話していました。福祉事業者を支える事業も同じですね。

穂積　地方交付税の交付団体の収支構造からすると、交付税の算定基準に入っていない事業は、別途財源を手当てするか、経常支出化することを覚悟してやるかになります。とくに財政担当部署からは抵抗が強いですね。

松下　地方自治の制度は、1947年（昭和22年）につくられますが、戦争で破壊された街を復興するという仕組みが令和の今まで続いています。

穂積　地方自治の法制度を抜本的に変えようとのうねりが一時盛り上がりましたね。最近はちょっと低調な感がぬぐえません。なぜでしょう。

(3) 政策提案のタイミングのとらえ方

政策の窓が開かれるタイミング・歳時記にあわせる

松下　政策の窓が開かれるタイミングというものがあり、これには選挙サイクル、総合計画サイクル、人事異動サイクル、予算サイクル等があるとされています。

　テキストには、このように書かれていますが、市長経験者として、この理論のリアリティは、どんな感じですか。

穂積　そういう視点から見れば、その通りと言えると思います。政策当事者が主観のなかで皆その通りに意識しているかどうかは別として、ある政策が実現するかどうかは、そのタイミング設定にかかっていることは衆目の一致するところではないでしょうか。

　自治体政策について言えば、地方自治体に特有の「歳時記」に合わせなければ、ということのように思います。

松下　特有の「歳時記」という表現は面白いですね。どんな事象や行事ですか。

穂積　まずは 3 月の予算審議・議決と 9 月の決算認定が二つの大きな柱になっていて、その脇に各定例会での補正予算上程があります。3 月には次年度の人事異動が決まります。これらはもちろん上程・内示されるまでに数カ月の準備作業を経ているので、その調整が始まる時期が影の柱ですね。また条例案件となると、議会上程の前作業が肝で、行政内の例規審査会での検証に耐えられるものでなければ、日の目を見ることさえできませんので、例規審査会の開催日程をにらんで案文を固めなければなりません。

　それと国や県の予算通過と市町村のそれとに時間的ずれがあるので、この点も事業担当者や財政担当が身構える時期です。

マニフェストのきっかけ・介護現場における「カスタマーハラスメント」

松下　この政策は、2017年10月の市長選挙における穂積さんのマニフェストですね。マニフェストには、「福祉円卓会議を創設し、福祉職がやりがいを持てる地域社会を形成。福祉人材をみんなで育てるまちをつくります」と書かれています。

穂積　ちょうどこの前後の時期に、介護現場における「カスタマーハラスメント」がメディアに取り上げられたことがありました。介護サービスを受ける当事者や家族からのさまざまなハラスメントによって、福祉現場のメンタルが著しく阻害され、離職原因の一つになっている現状です。

　福祉を受ける側の「市民性」とでも言うべきものが問われたわけです。そしてそれは福祉の担い手を離職等に追いやってしまうことで、受け手自身の首を絞める結果を招きます。

　これはまさに、市民自治社会のありようそのものにかかわってきます。

　その後のコロナ禍では、エッセンシャルワーカーの処遇に社会の関心が向きましたが、福祉職を支えることを地域社会の側が取り組む時代に入っている、その視点をマニフェストに盛り込みました。

お客様は神様論・自治の基本である当事者性が引っ込む

松下　お客様は神様的な考え方が、福祉だけでなく自治体の仕事全体を歪め、公共の担い手全体を追い詰めました。自治体の仕事は市民サービスなので、そうした一面はありますが、その分、民主主義社会の当事者性が引っ込んでしまいます。

穂積　そうですね。福祉も「施してつかわす」旧弊は一掃されなければなりませんが、社会的契約としてサービスを購入している以上、互いに気持ちよく、気兼ねや引け目を感じることなく、対等の人格尊重の上に立って遂行されていけばと強く願います。

松下　「税金を払っているから」という論理が目立つようになりましたね。主権を行使する前提には、他者の配慮や思いやりという民主主義の基本があり、それを見失ってしまっては、社会は殺伐としたものになってしまいます。このあたりが、私が励ます地方自治を標榜する原点ですが。

穂積　はい、良く分かります。松下先生の「励ます地方自治」は、真摯に公務に取り組む自治体職員にとっては「干天の慈雨」でしょう。もっともっとこの雨を降らせてほしいと思っているはずです。オピニオンリーダーたちが、早く気が付いて欲しいです。

松下　「励ます地方自治」は、私が死んだ後に「発見」され、評価されるの

ではないかと思っています。まるで、ゴッホのようです（笑）。

（4）福祉従事者を支える政策の政策形式
最初は条例というのはなかった・条例ありきではない

松下　政策形式の代表的なものは条例と計画です。新城市は、福祉従事者を支援する政策は、条例という形式を取りました。これはマニフェストにはなかったものですね。

穂積　はい。円卓会議の議論を通して何らかの新たな施策・事業を具体化したいとは思っていましたが、「条例」は想定していませんでした。

松下　川窪さんは、条例までを考えていましたか。

川窪　当初から条例までは考えが及んでいませんでした。福祉円卓会議での委員の皆さんの熱心な声を聞かせてもらい、穂積市長のこれまでの部課長会議等での発言を脳内で反芻し、自治基本条例の検討の過程などを思い出して何かよい方法はないかと思いを巡らせているうちに、ふと委員の皆さんの熱意に行政が真摯に応えた証として残り、メッセージ性もあり、先々ブレないようにするには理念的な条例という方法もありなんじゃないかと思いました。

条例にしようという提案・懇親会の席で

松下　条例化の話は、円卓会議の議論のなかで出てきます。私も条例が正解だと思いますが、どんな議論があったのですか。

前澤　円卓会議でとりまとめた内容をずっと実施し続けるにはどうしたらよいかという声はあがっていました。2019年12月に中間報告を市長へ提出し、その後の懇親会で長坂さんから条例化したいとの話が出ました。

松下　懇親会での場ですか。

長坂　はい、そうです。私が条例のことを口にしたのは、円卓会議中盤の円卓会議メンバーと穂積さんとの懇親会の場でした。健康福祉部の職員も同席していました。円卓会議メンバーが2〜3名ずつ交代で穂積さんと一緒のテーブルに着き、意見交換の時間が持たれました。そのとき、極めて自然にスッと「条例って、作れないでしょうか」と口にしたことを鮮明に覚えています。そして、穂積さんは私が何故そう思ったのか、真摯に耳を傾けてくれ

ました。

穂積　その場面はよく覚えています。

条例化を思いつく・時代を越えていいものは残す

松下　普通、市民と条例とは距離があって、条例という話はなかなか出てこないものですが、条例を思いつくのは興味深いですね。

長坂　これらの議論が「今このとき」「今の今だけ」「ここ数年」で終わってしまいはしないかと危惧しました。

　そもそも福祉円卓会議は人材不足の現況を踏まえ、2030年、2040年問題を乗り越え、福祉・介護の仕事が生き残り、逆にその価値が高まっていくことを想定して招集されたものです。しかし、このままでは施策の射程距離が3年から5年程度のものになってしまわないか。そんな思いから来るべき福祉・介護の受難時代に立ち向かっていくために、条例ということを考えました。

　時代が変わり、首長が変わり、新城市行政も変化していきますが、優れた仕組みは必ず残ります。その残す手段として条例ということを口にしました。

自治基本条例の影響・みんなでつくった体験が生きてくる

松下　新城市における自治基本条例の制定は、一定の影響を与えていますか。

前澤　市民自治を掲げて自治基本条例と地域自治区を実施してきた先に、福祉に関することがあったのではないかと思います。福祉関係者が地域につながっていくためには、地域自治区の仕組みは役立つとも考えます。

長坂　自分の意識下に新城市自治基本条例はあったと思います。しかし、それを福祉円卓会議の施策議論のなかで私の意識に浮上させたのは、事務局前任者川窪さんの存在でした。川窪さんとの会話の中で、円卓会議の思いとそこから生まれる施策を継続させる方法として条例というものを強く意識するようになりました。

川窪　自治基本条例の理念やその延長線上に福祉円卓会議の構想があるということが大事だと思っています。

条例と聞いて行政は・これは凄いことだ

松下　条例と聞いて、行政は戸惑ったのでしょうか。

前澤　事務局は困惑したと思います。私自身は、自治基本条例づくりの経験があったので、時間はかかってもつくることができるのではないかと思いました。

松下　円卓会議から条例という提案があって、穂積さんはどのように感じましたか

穂積　これは凄いことだと、感動を覚えたことを思い出します。そして何としても条例の制定にまで漕ぎつけなければならないと意を新たにしました。

（5）策定・推進体制のつくり方

役所だけではつくらない・当事者性にこだわる

松下　福祉従事者を支える政策は、仕事の現状や当事者たちの思いを踏まえたもので、かつ実際に福祉従事者を支えるものでなければなりません。したがって、この政策は役所だけではつくってはいけないし、学識者がまとめたものでもいけない。

　同時に、福祉従事者だけでつくってもいけない。福祉従事者を支える政策は、市民全体の政策でもあるからです。

　この政策は、福祉従事者、その関係者、市民、地域活動団体、市民活動団体、学校、行政、議会が、連携し協力しながら、つくり上げ運営していくことが肝要ですね。

前澤　何らかの約束事（政策や条例や法律）ができると、一番影響を受けるのは当事者にあたる方々です。策定の過程や実施にあたって、当事者が関わるのはもちろんですが、まちの多くの方々から違う立場や見方の意見をいただくことなしには「使えるもの」にならないと考えます。

　以前、自治基本条例づくりに際して松下先生から「検討会議委員は市民の代表ではなくて、多くの市民の声を集めるのが役割」だと教えていただきましたが、同じように考えることが必要だと私は思います。

松下　その実践が円卓会議だと思います。円卓会議は。当事者の意見を聴こうという趣旨で提案されたのですね。

穂積　その通りです。何よりも現場の知恵が大切だと思いました。

関心のない人も・関心を喚起するようにつくる
松下　福祉従事者を支える政策を広めるには、一人でも多くの市民が、その意義や必要性を理解し、共感することです。

前澤　介護保険制度ができて20年あまりが経ちましたが、まだまだ「福祉」は自分とは関わりのない分野だとか「支援を受けるのは望ましくない」という考えも根強くあります。

　「ふくし」は「ふ」だんの「く」らしを「し」あわせにする仕組みと活動のことで、私たちの生活に直接つながっていることだと市民が共有できるようにしたいと思います。

当事者の意見・現場の声を聞く方法を考える
前澤　福祉円卓会議ではアンケート調査をするという方法で多くの福祉従事者から基本となる情報をいただきました。これから条例を活かした施策を進めるには、なにか声を聴く仕組みが必要だと考えます。

　市全体でという形より、それぞれの現場でできることはないのか模索中です。職場運営が民主的であるかどうか、遠回りのようですが重要かもしれません。

松下　これらについては、後ほど詳しく議論したいと思います。

自治体職員の役割・そのパワーを引き出す
松下　自治体の仕事の大半は、法令等で決められているので、裁量の余地が乏しく、だれがやっても同じように見えますが、それは違います。同じ仕事でも、120%の効果を出すか、50%の効果にとどまるかは、自治体職員の力量によって違ってきますね。

　新しい政策の場合、市長のリーダーシップが大きいですが、それを実践する職員がいなければ、市長がいくら旗を振っても、政策になっていかない。市長のアイディアを事業に落とし込める職員がいることが必要になる。これは穂積さんも何度もお話になっていますね。

穂積　はい。その政策が実効性のあるものとして躍動するかどうかは、「人を得ている」かどうかにかかっています。

松下　福祉従事者を支える政策も、その政策の重要性を認識し、その事業化に熱心に取り組む職員がいることが必要です。職員のパワーを引き出すことも必要ですね。

前澤　職員も自分自身がまちづくりの当事者と考えてくれるといいなと思います。

市民を巻き込む自治体職員・その強みを活かす

松下　職員は、地方公務員法などの諸法律、職員一人ひとりの高い倫理観などを背景に、中立性・信頼性という強みがあるので、それを活かしつつ、市民と連携して暮らしやすいまちをつくるために大いに巻き込んでほしいと思います。

川窪　穂積市長が市長を退任されて、この前、久しぶりにお会いして、改めて「人を観察するチカラ」と進む道を「気づかせるチカラ」が桁外れだなと感じました。

松下　これについては穂積さんは答え憎いですね。でも、聞いてみましょう。

穂積　そう感じてくれていたことを聞けたのは、素直にうれしいですね。人が仕事の高い要求水準にこたえて、自分が思っている以上の能力を発揮し、それによって周りによい影響を与えるのを目撃できるのは、何よりの喜びです。

お互いが信頼し合うこと・それが前に進める源泉

前澤　昨日、東三河くらしと自治研究所の会報モニターの集まりに行きました。「あなたのまちの自治体職員は自信を持って仕事をしていますか」と問われて、私は「ハイ!個人差はあるけど。若い人たちが以前よりのびのびしている」と答えて周りから失笑されました。

　仕事の環境や待遇などは一昔前と違うだろうと思いますが、少しずつ世間は変化していると感じます。

　私の周りの職員の皆さんがよい人ばかりなのかもしれませんが。お互い

に信頼しあわないと同じ方向は向けません。

松下　前澤さんが、そう言ってくれるのはうれしいですが、私は職員に温度差があるように思いますね。まあ全員が熱くて燃えていなくても、何人かそういう人がいて、がんばれる雰囲気があれば御の字ではないでしょうか。

行政機構を横断した若い職員たち・その学びと実践

松下　新しい政策に先駆的に取り組んでいる自治体に共通しているのは、その事業化に熱心に取り組む職員がいることです。福祉を支える人を支える政策も、こうした職員を生み出し、後押しする仕組みとして組み立てたいですね。

穂積　そうありたいですね。

4.　政策の創生・課題を乗り越える力のある政策にしていくには
（1）きちんと立法事実を把握する・積み上げる
立法事実を積み上げる・そのために調べること

松下　立法事実とは、条例化の基礎にあって、対応の必要性や内容の合理性を支える社会的、経済的、文化的な事実（データ、市民の意識などを含む）をいいます。立法事実は、政策の必要性や正当性を根拠付けるものであり、政策づくりの重要な要素です。

　そのために①現状・問題点、②原因、③これまでの経緯、④提案されている政策案等を調べます。

　福祉従事者を支える政策では、当事者である福祉従事者や福祉従事者を支える市民、事業者、NPOなどとの協力、連携が必要なので、この点の調査も必要ですね。

前澤　福祉従事者向けのアンケートや事業所見学はそのためのものですね。

長坂　たしかに福祉従事者向けのアンケートでは、福祉従事者が置かれている現状と問題点がとてもリアルに浮かび上がりました。とりわけ、自由記述欄には想定を超える量で、とても具体的に書かれていました。

アンケート調査を実施しよう・まずは現場の声を聴く

松下　福祉従事者の働き方や処遇、課題の把握、今後の施策を検討するには、その当事者にアンケートするというのは、とてもよい方法ですね。設問づくりも大変だったのではないですか。

川窪　はい。前述したように賃金や報酬への不満を集めるだけのアンケートでは福祉円卓会議の設立趣旨にそぐわず、意味がない上に、現場をやりくりし委員を出してくれている福祉施設の経営者の誤解も招きかねない。たとえば賃金や報酬へ不満であれば、その原因になっているものを探るところまでの設問にしなければ対策を検討しようがありません。

　検討段階で委員の皆さんも慣れない作業で、どうしても処遇関係の不満を拾う内容に傾いてしまい混乱気味になりましたが、そこで、アドバイザーの長坂さんが「数値化できるものとしにくいものを織り交ぜてよいんじゃない」と投げ掛けてくれて場が落ち着き、アンケート内容を概ね半分までつくることができました。

アンケートの回収にも配慮する・一人ひとりが回答をしやすくする

松下　アンケートの実施についても手作業、現場感がありますね。

前澤　アンケートの回収方法も、個人で記入して封筒へ入れて、そのまま直接返送したいという希望でした。誰がアンケートに応じたかを事業所で把握できないほうがよいのではないかということでした。

　従来の行政からの依頼ならば、事業所単位で取りまとめてください、ということになったと思いますが、それは少々配慮に欠けていたと気づかされました。

松下　なるほど。

反省点もある・特に経営サイドへの配慮

前澤　アンケート実施にあたって、経営側の方に十分説明が行き届かなくて、行政がお叱りを受けたと聞きました。

川窪　従事者アンケートが実施できたことが最大の成果でもあると思っていますが、委員を会議に出してくれている経営者側に配慮を欠いた内容と段取

りになってしまいました。

長坂　ちょうど事務局である健康福祉部職員の異動時期を挟んでしまい、アンケートが出遅れ、前澤会長と私が催促して、やっと事務局が動いたように記憶しています。そこで事務局が慌てたのでしょうか。各施設、各事業所にアンケートを配布する際、そこの経営者に何も通知せずにいきなり配布してしまい、経営者の反感を買い、一部アンケートに協力しない施設・事業所が出てしまったということを後から知りました。

松下　なるほど。経営側とすると、職員の不満を集めるアンケートになるのではないかと懸念するでしょうから、誤解のないように、きちんと説明することが必要ですね。自治体は、経営層との関係に慣れていないことも遠因ですね。この点は、後続の自治体が注意すべきことですね。

アンケートから学んだこと・自由記載欄に溢れる福祉従事者の思い

前澤　アンケートには、福祉従事者の思いや悩みといった生の声がいっぱいでした。

松下　自由記載欄をつくったのがよかったのですね。

長坂　自由記載欄から、あまりにも赤裸々な現場職員の悩み、苦しみ、憤りをその人の言葉として知ることができました。それはもっとしっかり介護したい、でも時間がない。こんな支援でありたい、でも人手が足りない。理想と現実の狭間で葛藤する福祉従事者の「今」を突き付けられました。それは厳しい現実の中でも、こうありたい、こうしたいという対人援助に対する強い思いの裏返しであったと思います。

前澤　自由記載欄に多くの思いや実際に現場で起きていることを書いてもらうことができました。その熱量はすごいものでしたし、ありがたいことでした。

　　その後、答申をまとめ条例化するときに「アンケートを書いてくれた方々に応えているか」という発言が委員の皆さんから何度もあがりました。

アンケートを行う際のヒント・きめ細かな配慮

松下　そのほか、他の自治体でやるときの参考になるヒントはありますか。

川窪　アンケートを実施することが目的になってしまわないようにすること
ですね。表面に現れている問題を再確認するのではなく、問題の背景や要素
を深堀し、仮説を立てて解決策を考えるためのものにするのがよいと思いま
す。僕はよく「因数分解する」と言ってます。福祉では制度を管理するのが
行政ですので、「やってます、話を聞いてます」の言い訳に使うと不信感を
増幅させてしまうと思います。

前澤　アンケートの回収方法で出されたように、アンケートに答えてくれる
方々にどれだけ配慮することができるか。もし、事業所に協力依頼するなら、
十分な理解を得ることに（アンケート結果をどう使うかなど）心を砕く必要
があると思います。

長坂　市内全域の福祉従事者へアンケートが行き渡り、管理者や上司に気兼
ねなくアンケートに答えることができ、かつ、それをそのまま回収できるよ
うに、行政側が事業者に対してアンケートの目的をしっかり説明して、協力
を求めておくことが必要不可欠だと思います。

福祉施設の見学会をやろう・より深く議論をするために

松下　福祉施設・事業所の現地見学会というのは、なかなか思いつかず、思
いついても実施するまでにはならないですが、その趣旨、ねらいはどのあた
りにありますか。

川窪　このままでは大切なところまで議論が深まらない思い、まずは介護、
障がい、児童のそれぞれの施設等を見学することを円卓会議のメンバーに提
案しました。

長坂　円卓会議のメンバーも、まずは知ることから始まるということで、事
務局側からの提案に大賛成でした。そして、お互いの働く現場を知ることを
通じて、より深く交流する機会を得ることになりました。

　同じ市内で福祉の仕事をしていても、児童、高齢、障がいと領域が異な
ると日常的な交流はありません。もちろん、ケース会議などで対象者の方や
その世帯が複数の福祉領域に繋がる時に、同じテーブルに着くことはありま
したが、それぞれの支援・介護の「現場」を見学するという機会はありませ
んでしたから。

前澤　福祉関係者間ですらあまり知らないということは、市民間ではもっと知らないということになります。

福祉施設見学会をやったら・さらに熱量が高まる

松下　見学して学んだこと、よかったことは。

川窪　見学後の委員の皆さんの反応がとてもよかったですね。議論を始めるメンバーのモチベーションを上げ、課題解決に向けたベクトルを合わせることができたと思います。新城市の規模もちょうどよかったのかもしれません。

長坂　「現場」を知ることの大切さでしょうか。それをあらためて確認する機会となりました。福祉であればそれはなおさらで、建物だけでなく、職員、利用者さんに触れて、そこでの支援、介護の様子を見ることは大きな成果でした。事業所見学会を通して、円卓会議のメンバーはより見識を拡げ、理解を深め、熱量は高まっていきました。

松下　見学を受け入れる方も、緊張したのではないですか。

長坂　私の法人では３カ所の事業所を見学してもらいました。それぞれの事業所の管理者は、児童や高齢分野の現場や経営の専門職が見学に来るということで、その準備も含めて緊張感を持って対応するなかで、自らが学ぶ機会にもなりました。

(2)　福祉従事者を支える政策の検討期間
当初の検討期間・2年くらいはかかるのでは

松下　政策は、政策課題の設定、調査、内容の検討・調整、決定を経て、制度が実施されるという流れをたどっていきます。普通は１～２年の期間は必要だと思います。

　この政策では、マニフェストから条例制定まで、4年かかっていますね。特に、円卓会議は、市長から福祉円卓会議への諮問（2019年１月）から市長へ答申（2020年８月）で１年８カ月かかっています。当初は、どのくらいの期間を想定したのですか。

穂積　諮問から答申までの期間は、大体この程度、つまり２年度間はかかるだろうと見ていました。条例はマニフェストになかったもので、円卓会議の

発案ですから、そこから 2 年はそれほど長いとは思いませんが、これについてはやはりどうしてもコロナの影がつきまとってきます。

コロナの影響・政策づくりにも悪さをした

長坂　新型コロナウイルス感染症という誰も予想しなかった事態のなか、特に福祉・介護現場には徹底した感染症対策が求められ、集合形式の会議に参加するなどの動きが取れなくなったということもありました。

松下　たしかに、コロナでいろいろなものが止まりました。その分、条例案の検討が忙しくなり、検討会議設置（2021年 1 月）から条例議決（2021年 9 月）が 8 カ月とタイトになりました。

事務局の役割・まとめる力が求められる

長坂　本当にタイトだったです。かつ一時は混迷を極めました。円卓会議メンバーに新たな委員が加わり、視点が多様化し、視野も拡がりました。一方、それを事務局がまとめ切れなくなってしまったことは松下先生もご存じのことかと思います。

松下　そうでしたね。歯がゆかったですね。

長坂　私は愛知県の障害福祉施策を検討する会議にも参加していますが、幅広く多様な意見を聴き、施策に反映させていくときは、事務局と司会進行者との事前打ち合わせがとても重要で、事務局に論点を絞る技術が求められると思います。

次の市長にバトンタッチするという考えは・穂積さんの宿題

松下　次の市長選挙が2021年10月なので、次の市長にバトンタッチするという考えはなかったのですか。

前澤　私自身は穂積さんの在任中につくりあげたいと考えていました。道半ばで、コロナ禍や職員の異動などで数ヶ月の空白期間があったことは本当に残念でした。

　今は、地域福祉の課題は穂積さんが私たちに預けていった宿題かもしれないと思っています。

長坂　穂積さんの市長マニフェストから生まれた条例づくりだと思っていたので、可能であれば任期中に議会で可決されることを願いました。当時、事務局も次期市長にバトンタッチという考えはなく、穂積さんの任期中に条例を制定するタイムスケジュールだったと記憶しています。もちろん、市長が変わったら、条例はできなくなるという危惧は全く無かったわけではありませんが、それよりも穂積さんから頂けた唯一無二のこのチャンス、何とか形にしてお返ししたいという思いの方が強かったです。

(3) 円卓会議における検討
円卓会議の意義・この政策づくりのキモだと思う
松下　私は、円卓会議がこの政策づくりのキモだと思っています。繰り返しになりますが、円卓会議の意義を簡単にお願いします。

穂積　円卓会議は全員が対等であること、全員が主役で当事者であること、全員が背負うべき現場を持っていることを組織原理として招集されています。

　だが、これまでの議論でも出てきたように、同じ福祉の現場でもその対象によって、事業内容も財務基盤も求められる専門知見もまったく違います。いやそもそもこれらを「福祉」という一片の言葉で、同列に議論することに何の意味があるのか、そんな疑問が出されても不思議ではありません。

　にもかかわらず、そこに集まった人が「福祉人材」であることを共有項にして結び合えるとしたら、何がそれを可能にするのか。そしてそこからあるべき福祉人材の立ち位置をどう定めていくのか。

　福祉円卓会議は、当初からこの根源的問いに全員で向き合ってきたのです。そして出した結論が、「条例をつくろう」だった。それはつまり条例によって自分たちを再定義し、それを地域社会共通の理解として定めようとの思いだったと、私は受け止めました。

人選のポイント・縦割りを超える＋現場の人
松下　円卓会議の事業化は川窪さんの仕事ですね。少し詳しく聞きたいと思います。

川窪　以前、児童虐待の対応をしていくなかで、対象家庭を包括的に捉え、

多面的で複層的な支援をしないと問題解決にはならないことを痛感しました。福祉分野は縦割りで、なかなか全体像を理解してもらえず、組織等を超えた支援体制づくりに苦労した経験から学びました。その経験を活かそうと考えました。

松下　なるほど、縦割りを越える仕組みが円卓会議ということですね。

川窪　メンバーの選考については、穂積市長から、経営者でなく現場の率直な声を拾い上げられるように現場の方を中心に検討してほしいとのオーダーがありました。

松下　これは市民自治の原則である「現場を担う人たちの声なき声を拾い、各々が、自らの思いや体験をもとに、それをかたち（政策）にできる場をつくろう」ということですね。

穂積　この人選にあたっては当時の担当職員のアイデアと働きかけが大きかったですね。

人選はやはり難しい・担当者の日ごろの付き合いが大きく左右する

松下　そうはいっても、従来の職種の代表者に出てもらう方式ならば簡単ですが、現場の人で、いい人になると難易度が一気に上がる。

川窪　福祉分野とひとくくりに言っても、介護、障がい、児童で根拠法も制度設計も支援対象者も違い、具体的な共通点もほとんどなく、職員同士で互いに接点を持つ機会も極めて少ないですね。各事業所から候補者をリストアップするととんでもない人数になってしまいます。支援対象者の年齢を横軸に、介護、障がい、児童を縦軸に関係する会議体や支援施設等を表にし、その表に職種を加え、多様な人材をバランスよく拾えるよう配慮しました。

松下　これで円卓会議に入ってもらいたい人の分野や関連事業所は出てきますが、ではそれは誰なのかはさらに難しいですね。

川窪　メンバー候補者選定の際に留意したのは、仕事に前向きで、常に問題意識を持ち、仕事に熱意があり、こうした会議に参加したくてもなかなかその機会に恵まれない方で、所属する組織の方々への波及効果が期待できる現場の中心的な人物をねらいました。

松下　一本釣り、知り合いの知り合い、口コミなど、日ごろの人脈が左右し

ますね。

最後は行政側の本気度・福祉をよりよくするよい機会

松下　ただ、円卓会議の目指すものがまだ見えない状態で、委員になってもらうのは必ずしも容易ではない。

川窪　結局のところ、市側の本気度と委員候補一人ひとりの思いを聞かせていただき、事務局が伴走していくことを約束し、働き甲斐やそれぞれが職業として思い描いている福祉のよりよいあり方や希望を叶えていくまたとない機会であることを理解してもらい、概ね候補者全員の委員就任の内諾をいただくことができました。

役所の関連課の情報を持ち寄る・これも案外簡単ではない

川窪　福祉分野は大きく高齢（介護）、障がい、児童の３分野で構成されますが、高齢（介護）については地域包括ケア推進室（当時）、障がいについては福祉課とこども未来課、児童についてはこども未来課がそれぞれ中心となってリストアップしました。

松下　関連課の連携が大事ということですね。私も役所にいたから分かりますが、これも案外、簡単ではないですね。

キーマンをしっかり押さえる・大勢の会議では重要

松下　円卓会議では、人選が一つのポイントで、キーマンをしっかり押さえるというのも重要です。

川窪　リストアップ前に、穂積市長から二人の人についてオーダーがありました。まず、後に準備会の会長となる前澤このみさんです。前澤さんは、社協の会長という代表者の立場と同時に、旧鳳来町で高齢者等の支援を担うNPO法人自立支援センター四岳館を立ち上げ、現場を主体的に担ってきた経験があり、現場に熟知しています。また、後に副会長になる原田郁代さんについても、GH好日庵の経営者であるものの、自身も現場に出てエッセンシャルワーカーの一人として動いていることからメンバーに入れてほしいとの要望がありました。

委員に送り出す方にも配慮する・行政側の熱意を示す

松下　ただでさえ福祉現場の人材が不足しているなかで、委員として円卓会議に参画してもらうのは、簡単ではありませんね。送り出す方への配慮も必要ですね。

川窪　事業所の代表者の方に失礼や誤解があってはいけないと考え、地域包括ケア推進室、福祉課、こども未来課、それぞれの担当課長職で市長マニフェストの趣旨説明（自治基本条例のひとつのカタチであろうとすること）と、単に処遇改善を図るためのユニオンのような組織を作ろうとは現時点では考えていないことを説明し、事業者の代表者の方の了解を得た上で、委員候補の方一人ひとりと面談し、委員就任をお願いしました。

松下　処遇改善を図るためのユニオンのような組織を作ろうとするものではないというのは興味深いですね。

　何でもそうですが、きちんと説明することが必要です。同時に、事業者にとってもWinになると説明することですね。

女性中心の人選・福祉事業を象徴する構成

松下　女性のメンバーが中心というのも興味深いですね。何か意図したのですか。

穂積　とくに私から何かを指示したことはありません。

川窪　まったくの偶然です。内諾をいただいた候補者リストを穂積市長に報告したところ、「全員女性だね。面白いことだね。」と言われて。改めて全員が女性であることに気づきました。

松下　意図せず、結果として、候補者が全員女性であるということは、この福祉事業の性質を象徴していますね。

川窪　そうですね。この分野は女性が主な担い手であること、女性がもっと活躍できる可能性のある分野であること、しかし、その女性の意見が反映されにくく、認めてもらえない風土が潜在的にあること、そうしたことが離職や人材不足の要因となっているのではないかとの仮説を立て、これを円卓会議の議論を通じて改善でき、職に対して誇りと希望を今以上に抱けられるようにしていければと感じました。

女性だけというよさ・現場重視で否定しない議論

松下　どんな雰囲気の会議でしたか。

川窪　現場重視で互いを否定しない、建設的で行政の縦割りの壁を超えた忖度のないストレートな気持ちの意見による活発で自由な議論が展開されていました。

　いざ会議が始まると候補者としてお願いに伺ったときとは打って変わって、女性ばかりなのが功を奏したのか、すぐに全体が打ち解け、堰を切ったように建設的で希望に満ちた意見が出ました。あと、お互いの仕事を理解しようとする姿勢が強く、福祉職という帰属・仲間意識、結束力を強く感じました。

松下　男性のなかに女性が入ると女性が一歩下がるという傾向がありますが、女性だけなので、それがなかったのですね。

川窪　現場を担う現役福祉職で女性同士でもあるため、思いや熱意が先行してしまい、論点がズレたり、議論が迷走するような場面もありながらも自由で活発な議論が行われました。

松下　長坂さんは、黒一点ですが、心がけた点は。

長坂　はい、生物学的に男子は私だけでした（笑）。普段から自分の職場でも女性職員が圧倒的に多いので、特に違和感はありませんでした。もちろん、アドバイザーという立ち位置でもあったということもありますが、心がけた点は、自由に発言できる場を創り出すことでした。

なぜ雰囲気のよい会議になるか・お互いをもっと知りたい気持ち

長坂　抜群に雰囲気のよい会議でした。女性だけの構成員で、上下関係はなく、誰に忖度する必要もないということで、参加者は誰もが自分の思いついたこと、言いたいことを発言していました。まさに文字通り、完全対等の円卓の会議でした。

　そこには福祉従事者としてお互いのことをもっと知りたい、もっと現場を良くしていきたい思う熱量が確実に存在しました。

川窪　会議の回数を重ねる毎に、福祉職としての一体感の醸成と頑張っても日の目を見ることは少ないと孤立感や報われない虚しさの解消につながった

と思います。

　私自身も、この問題こそが処遇（報酬や賃金）と並んで、福祉職の離職の大きな要因ではないかと確信しました。

座長、アドバイザーとして心がけたこと・自由に多様に発言してもらう

松下　会議の座長、アドバイザーという立場で心がけたことはありますか。

前澤　福祉の現場の方ばかりですが、ふだんは交流がないので、会議の場所で硬くならずに発言してもらえるように心がけました。

長坂　私は福祉円卓会議ではアドバイザーという立ち位置であったため、できる限り自らの意見を述べることは差し控え、事務局側に回るようにしました。そして多様多彩な意見を引き出し、それを聴き取ることに力を注ぎました。

円卓会議での議論・前に進めるような対案

松下　円卓会議で失敗談やよかったこと、面白かったことなどはありますか。

長坂　グループワークで具体的な施策の一つとして職員表彰が出たとき、思わず、アドバイザーであるにもかかわらず、私自身の表彰経験から「私はあまりありがたみを感じなかった」と、否定的なコメントをしてしまったところ、その意見を出した委員から「グループホームの世話人のような縁の下の力持ち的役割の職員にスポットライトを当て、評価すべきです」と反論され、思わず納得したことを覚えています。

松下　前に進める議論はいいですね。

長坂　はい、それが形になりました。キラリしんしろ福祉賞です。第 1 回しんしろ福祉フェスでは受賞者16名、一人ひとりが舞台上で紹介され、現新城市の下江市長から表彰されました。演出面などの課題は残りましたが、ご本人、そして福祉フェス参加者からは大好評でした。

司法書士に入ってもらう意味・福祉関係者だけで固まらない

川窪　福祉分野の弱点として以前より強く感じていたのは、支援者に対する法的擁護の知識が充分でないことです。法的擁護の関係でトラブルを事前回

避・解決できれば福祉職にとって心強いでしょうし、トラブルがきっかけで心を病んでしまったり、離職の原因になることを減少させられたり、受援者やその家族のために良いサービスを提供できた達成感を得られるのではないかと考え、女性の司法書士にも委員として参画してもらっていたのですが。

松下　なるほど。福祉というとその分野だけで固まりがちですが、福祉従事者に寄り添うと考えると、川窪さんのような発想も大事ですね。

川窪　議論の最初のうちはやむを得ないことですが、福祉現場の課題等に議論が集中してしまい、自分がいる意義をなかなか感じてもらえなかったのですが、予断を与えてはいけないので、こちらのねらいは隠しつつ、引き留めとモチベーションを上げてもらうのに腐心しました。

きちんとした位置づけにする・非常勤特別職公務員

松下　幅広に考えて制度設計したのですね。円卓会議は条例設置の委員会で、委員は非常勤特別職というきちんとした位置づけになっていますね。

川窪　1回目か2回目の会議でアドバイザーの長坂さんから「医療や教育はテレビドラマとかになるのに、福祉はなかなかならいんだよね」と言われました。

松下　たしかに。

川窪　福祉は最後のセーフティネットであり、市民が安心して暮らし働けるための支えになっているにもかかわらず、福祉分野の仕事は社会的に数段低く見られています。また支援する側と受援により恩恵を受ける側が対等な立場でなく、「サービス」が「施し」のようなものと認識されているなどの思いもあって、きちんと福祉円卓会議を位置付けました。

松下　担当者が考え、それを深めていますね。これは市長とすると、うれしいし、頼もしいですね。

穂積　その通りです。また私自身も前もって何かの結論や誘導すべき着地点をもっていたわけではなく、この議論のなかから必ず何かが出てくるだろうとの確信があっただけなので、それを実際の形にしてくれたことで新たな展望が開けました。

アドバイザーを置くこと・俯瞰的に会議全体を見守る

松下　長坂さんに入ってもらった経緯は。

川窪　ある機会に、市長に「福祉円卓会議のゴールについてイメージがありますか」とたずねたところ、「それも円卓会議のなかで考えてほしいんだよね」と返ってきました。

松下　予断を持たせず自由に考えさせようとするのは穂積市長らしい。

川窪　反面、難しい宿題をもらったなと焦りました。そこで、福祉に関して人一倍熱意を持ちながら沈着冷静で、ロジカルに思考を整理でき、信頼できる長坂さんにアドバイザーとして協力をお願いしました。

蓄積した経験・停滞や迷走した際には生きてくる

松下　長坂さんは、アドバイザーという立場ですね。責任重大ですね。

長坂　愛知県の委託業務として障害福祉分野では東三河北部圏域（新城市、設楽町、東栄町、豊根村）のアドバイザーを10年間務めてきましたが、福祉・介護全体となると、全く初めてで正直、戸惑いました。しかし、お声かけが川窪さんからでしたので、依頼を真摯に受け止め、協力したいと思いました。何故なら川窪さんがこども未来課時代に、私は仕事上でクロスする機会がいくつもありまして、彼は見識が広く、かつ一つのことを究める、とても信頼できる行政マンだとの認識があったからです。

　　そして私が従事する障がい児・者福祉は、「障がい」という生きづらさを抱えた子どもからお年寄まで全ての人を対象としています。年齢区分による児童福祉や高齢者福祉とは違って、対象者の年齢が変わっても、それぞれのライフステージで福祉、介護、教育、産業分野などと連携して横断的な支援ができます。それが私たち障がい児・者福祉従事者の強みだと思っています。

川窪　実際、会議が停滞や迷走した際などには、俯瞰的に会議全体を見守る立場から、アドバイスいただきました。

円卓会議の成果・多角的、総合的な意見を出す

松下　このメンバーだからこそできたこともありますね。

長坂　メンバーは全員女性でしたが、現場職員だけでなく、事業者や司法関

係者、さらには地域自治振興事務所の方がみえたことも、ミクロからマクロ
へ、そして多角的かつ総合的な視点で新城市の福祉について話し合うことが
できた大きな要因だったのではないかと思います。

答申をまとめる・平易で具体的にまとめる

松下　まさに多職種多機能の仕組みですね。答申ですが、普通の検討委員会
と違って平易で具体的で実践的です。

長坂　円卓会議のメンバーがグループワークなどで語った文脈や意見の文言
がそのまま使われているからではないでしょうか。

答申をまとめる・たくさんの施策例を示す

松下　特に注目してほしいところはどこでしょうか。

長坂　答申書には初めの一歩事業を始めとする、たくさんの施策が記載され、
それはそのまま現在、条例の逐条解説として記載されています。それらの施
策は福祉円卓会議のメンバーがグループワークで出し合ったものをほぼ全て
網羅した形となっています。コロナ禍で限られた会議しかできなくなり、施
策を絞り込む話し合いがなかなかできなかったことが逆に効を奏したのかも
しれません。

穂積　なるほど。答申も条例もコロナ禍でのものだったことは、歴史的に特
筆されるべきですね。各施設でクラスターの発生を抑え込もうとの必死の努
力が続けられるなかで、福祉の仕事を再定義し、誇り、やりがい、働きがい
に関する明確な意思を示したわけですから、ある種の記念碑となりますね。

円卓会議と行政との連携・簡単ではないが

松下　行政もおそらく初めての試みで、戸惑ったのではないでしょうか。

長坂　穂積市長のマニフェストで掲げられた福祉円卓会議の設立の背景と
目的は、私たち福祉従事者にとっては「ど・ストライク」で、間違いなく私
たちの熱量を高めるものでした。そこに事務局（健康福祉部）は引っ張られ、
付いて行くのが精一杯だったように見えました。とりわけ事務局の前任者で
ある川窪さんが2019年4月に異動してからはそれが顕著になったように思い

ます。

前澤　市長のマニフェストで始まりましたが、「今までなかったものをつくる」会議をどのようにすすめるか、事務局もわからないようでした。

うまく連携するには・使命感で一致しながら

松下　うまく連携できたことは。

長坂　アドバイザーとしては事務局と双方向のやり取りをしながら、円卓会議の議題を確認させてもらいました。私としては条例づくりの時よりも事務局と連携できたと思っています。新型コロナウイルス感染拡大という誰も経験したことのない状況下、官民一体となって誰もがその制約された環境のなかで円卓会議を何とか機能させようと力を合わせました。コロナ禍において福祉・介護を守り、障がい者、高齢者というハイリスクな人たちの命と健康を守るという使命感で一致していたこともその大きな要因だったと思います。

穂積　その実感をお聞きできたことは、この国の「現場力」への信頼を深めてくれます。

反省点はあるか・任せるは放置ではない

松下　同時に反省点もあるかと思います。

前澤　会議を進めるにあたって、何についてどこまで話し合うのか、どんな資料や説明が必要か、会議終了後に、今回はどこまで到達できているか、不足はなかったかを確認する作業ができませんでした。事務局として行政から数人参加していましたが、チームにはなりきれていない感じがしました。

長坂　ある意味、みんな好き勝手に発言できる環境から、言いたい放題、とりわけグループワークではその傾向が強くなり、事務局は円卓会議をコントロールしないことと、出された意見をまとめていくこととを履き違えて、事務局としての機能を失った時もありました。おそらく円卓会議参加者の見識と熱量の方が事務局の力を上回ってしまったのだと思います。

穂積　専門職として福祉に携わっていたり、自分のライフワークとしている人ならば別でしょうが、通常事務の一環として福祉担当にあたった職員からすると、福祉円卓会議から始まったこの事業は、おそらくどこに的を絞った

ら良いのか、途方に暮れる面が多かったのではないかと思います。その点では、委員の皆さんにも職員の側にも苦労をおかけしてしまったなと省みるところです。

（4）機能する（動く）政策にする

動く仕組みの重要さ・政策事実を詰める

松下　政策が機能するには裏付けが必要で、これを政策事実といいます。これがないと政策は理念倒れで、絵に描いた餅になってしまいます。この条例の場合は、円卓会議で現場の視点で検討した内容が、そのまま条例や実施施策につながっています。

長坂　答申の時点では具体的に条例の条文や文言まで意識した記憶はありません。ここに関しては条例づくりの段階で松下先生がアドバイザーとして参画され、最初に条例案の案ということで、条例の骨格を示して頂けたことで、私は答申の文言が具体的に条例のどの部分に反映されていくのか、学ぶことができました。そして、条例に必要なそれぞれの文言の定義付けということも知りました。

穂積　円卓会議の発意として条例制定の提案が出てきたこと、ここにすべてがあると思うのです。内容においても、策定プロセスにおいても、そして仕上げる責任においても、皆さんが当事者としてその責任を引き受けて作業をやり遂げた。

初めの一歩・まず何をすべきかを明確に

松下　特に印象的なのは、「初めの一歩」の施策を提案していることですね。

前澤　「初めの一歩」を決めておかないと、どこから手をつけたら良いかわからないかもしれませんからね。

長坂　「初めの一歩」という命名は私が提案しました。施策全てが並列で書き上げられたものを見て、まず初めに何から取りかかっていくのか、アドバイザーの立場としてもそれだけは決めておいた方がよいと判断したからです。ありがたいことに円卓会議のメンバーは全員一致で、この提案に賛成してくれました。

初めの一歩という提案・行政計画のなかで応用するとよい

松下　私もいろいろな会議をやりましたが、「初めの一歩」という施策の出し方は初めてですし、とてもいいですね。

長坂　ありがとうございます。それぞれの現場で何から始めるのか、それをはっきりさせておくことが、必ずアクションに繋がると思います。とりわけ、年度替わりで事務局（健康福祉部）職員の異動を複数経験しただけに、「初めの一歩」として施策を掲げることは必須でした。

穂積　「初めの一歩」には、まず確実に一歩を踏み出すという意思と、ここでは終わらない、次の二歩、三歩が続くという約定が込められていて、何かこれからの諮問・答申や審議会報告などでたくさん使われていくような気さえしますね。最初に目にしたときにとても新鮮でしたし、行政計画のなかでも応用してみると新しい地平を開けるかもしれません。

人の連続も大事・思いが持続する

松下　円卓会議でこのテーマを検討した人が、条例検討会議のメンバーになり、さらに条例推進の実働部隊になっていくという連動もいいですね。

前澤　条例検討会議は、公募のメンバーも加わりました。円卓会議では気づかなかったことも話し合われ、議論の内容が広がり、深まりました。

長坂　若干名、退任された方もみえましたが、多くの円卓会議メンバーは条例づくりメンバーとして続投しました。そして今も条例の施策推進会議並びに実行委員会のメンバーとして活躍している方が複数名おられます。今はこの条例を生み出した背景、プロセスを生（ライブ）で知る人が現役でいるので大きくブレることはないと思っています。

松下　この思いの継続は、政策を推進する際にとても重要です。

福祉現場の魅力を伝える・まずは知ってもらう

松下　福祉現場の魅力を伝えることがこの政策の目標の一つです。

長坂　まずは知ってもらうことから始まるという、福祉・介護現場からの情報発信の施策です。知ってもらう方法は多種多様です。ただ一つ気をつけたいのは、上から目線で伝えるのではなく、できる限りありのままに。もちろ

ん苦労もありますが、現場の「笑顔」と「元気」を伝えたいですね。本来、人と人が交わる仕事とはそういうものですから。

連携する仕組みをつくる・学びを通してつながりを

松下　連携する仕組みをつくることについてはどうでしょうか。

長坂　この施策には市内各事業所の職員が学び合うことを通して繋がっていくというねらいがありました。市内の福祉従事者が遠方まで高名な先生の講演や講義を聴きに行くことは困難なので、新城市に来てもらってみんなで学んで行こう、そしてその後グループワークなどを通して交流して行こう、そんな意見が出ていました。小さなまち、新城市だからこそ、いろんな福祉・介護分野の従事者が交流して、顔の見える関係を築いていける素晴らしい施策です。これは昨今、厚労省が市町村に求めている重層的支援体制整備を下支えする一つの施策にもなり得るものだと思います。

福祉事業者の評価と支援・一丁目一番地になりうる

松下　福祉事業所を評価し支援することについてはどうですか。

前澤　支援することはできると思うのですが、評価というのは外部からは難しいですね。

長坂　ここに関しては既に述べましたように支える人を支える政策の一丁目一番地にもなり得る可能性があります。初めの一歩としては福祉従事者を評価することから始まりますが、条例の逐条解説にある福祉・介護の資格取得に対する助成金や認定福祉事業所制度（仮称）などは、前文の「対象領域ごとに専門的な知識や技能を身につけ、目的意識を持って仕事や活動にあたる人々を必要とします」に応えるものであり、「それが高い水準を保って持続するためには、福祉従事者の仕事や活動を正当に評価し、福祉従事者自身もそれに応えて常にその力を高めていくことが求められる」ということへ繋がっていきます。

穂積　先ほど川窪さんから「ユニオン」のことが話題として出ましたが、福祉事業所のなかでもしも労使紛争が起きたら、行政としてはそこに干渉することはできません。

　しかし経営サイドと従事者サイドが総体としての福祉事業所を自己評価し、互いに協力しあって改善に取り組むとしたら、それを積極的に仲介し、支援することはできるはずです。私が円卓会議のその先に思い描いていたのは、そんな機能を立ち上げることです。

　起こりうるリスクをコントロールし、福祉事業所への社会の信頼を高めるためにも、それが有益だとそれぞれの立場の方、とくに経営サイドの方が判断されると、局面は大きく変わるはずです。

5.　条例の制定・福祉関係者が知恵を絞って条例をつくる
（1）条例検討会議
推進体制・円卓会議のメンバーが移行する

松下　これは私も参加していたのでよくわかります。メンバーは、円卓会議のメンバーがほぼ移行したのですか。

前澤　円卓会議のメンバーで継続希望の人が残り、公募の委員が4名加わりました。

コロナ禍・オンライン会議の意義と限界

松下　コロナ禍で思う存分の議論ができませんでしたね。

長坂　やはりオンラインでの限界は感じました。条例検討会議では私はアドバイザーの位置ではなく、副会長として前澤会長をサポートする立ち位置でしたが、事務局とのコミュニケーションが難しく、松下先生との事前打ち合わせも含めて、難航した感がありました。

前澤　そうですね。会議は開催できない、先生にはオンラインで参加いただいたこともありました。特に、福祉の現場の方々は、コロナ禍での会議へのリアル参加は難しい状況がありました。

思いのほか難航する・それにも積極的意味もある

松下　私は、円卓会議の答申があるので、すぐに条例案ができるかと思いましたが、思いのほか難航しました。

長坂　円卓会議メンバーだけでしたら、答申をベースに松下先生が示された

素案で話し合いは加速したと思いますが、市民の方、有識者の方が加わり、それぞれがしっかりとご自身の意見を言われたから故に、混迷を深めたのだと思います。しかし、それは必要な時間だったように思います。そこで新たな気づきも生まれましたし、実は「地域共生社会」という前文に謳われた文言も、そのなかで出てきました。だから結果、よかったのですが。それでも、やはり混迷を極めた一つの要因は、事務局が多様な意見を整理して論点を絞り切れなかったからではないかと思います。

時間切れ・前文にこだわる

松下　時間切れになり、前文を書ききれなかったのですが、長坂さんは、最後まで粘りましたね。

長坂　はい、しつこいぐらいに粘りました。事務局から示された条例案を何度も読み返しました。法令としては諸々の文言の定義や各条文の関係付け等、何も落ち度のないものでした。また、逐条解説として答申内容も反映されていました。しかし、市長マニフェストに基づく円卓会議が開催され、参加委員が真剣な思いで話し合い、その結果として生まれてきた条例に「熱量」が感じられなかったのです。私は法律の専門家ではありませんので、どのようにこの自分の意見を伝えればよいのか本当に悩みました。そしてたどり着いたのが、日本国憲法前文と新城市自治基本条例の前文でした。これはアドバイザーの松下先生から学んだことでもありました。松下先生は最初の会議で、前文は全てを書き終えて最後に情緒的に人の感情に訴えるように書くとよいと言われました。それが一つのヒントになり、条例を生み出した「熱量」を伝える前文が欲しいと訴え続けたわけです。

市長が自ら書く・なぜ流儀に反したのか

松下　最後は、穂積さんがいたたまれず書いてくれました。これは穂積さんにしては珍しいですね。

穂積　大詰めのところで、前澤さんや長坂さんが市長室においでになって、前文が欲しいと強く要望されました。なかなか表面には出てきませんが、この条例をめぐる議論には実に多くの側面があり、立場によっては利害が相反

することも含まれています。

　前文には、それらをより高い次元と理念で昇華させる役割が求められたということだと思います。先ほど言った、福祉の仕事を「再定義」するということです。

　前文の原案は私が直接筆を起こしましたが、これは私のそれまでの流儀から少し外れています。審議のなかからおのずから成文化されてくるものを土台にするのを基本にしていたからです。

　ただこのときは、皆さんが前文を必要としていた内的な切実性と時間切れ間際という外的な切迫性が重なって、たたき台を提示することにしました。

長坂　前澤さんと私が市長室に呼ばれ、穂積さんが前文案をつくったからと読み上げてくれました。感動しました。嬉しくて心が震えたことを今でも鮮明に覚えています。提示された前文案は、福祉円卓会議から始まり、条例づくりで議論されたこと全てが包括されていました。とりわけ、円卓会議の「熱量」がしっかり伝わって来ました。福祉従事者として新城市で仕事をやって来て本当に良かったと、心から思った瞬間でした。

条例で評価しているところ・ありがたいという思い

松下　この条例で特に評価しているところはどこですか。

長坂　二つあります。一つは円卓会議招集に至った時代背景と現状、そして今後目指したい新城市の姿が包括的に謳われている前文です。二つ目はそれを進めるために第9条に新城市福祉従事者支援施策推進会議が規定されているところです。評価というよりも、とてもありがたく、心強く思っています。

前澤　福祉円卓会議から関わってきましたが、条例の内容をいつどのように実施するかの責任は市にあると考えています。ただ、白紙委任ではなくて、新城市福祉従事者施策推進会議において当事者目線・市民目線で検討、協議、確認が繰り返し重ねられることで条例が生きると思います。

穂積　「支える人を支える地域」というコンセプトを打ち出し、立法化しえたことで、かかわっていただいた皆さんに感謝と敬意を覚えています。

(2) パブリックコメント

松下　パブコメでは、主にはどんな意見がありましたか。

前澤　5件ありました。そのうち1件は条文に対する具体的な意見ではなかったので、4件が参考になりました。前文の追加と、具体的施策に関する意見でした。

(3) 議会の反応

松下　議会では、どんな意見が出たのですか。

穂積　もともと福祉円卓会議そのものに対して、議会の一部では消極的な反応もありました。既存の協議会議などで対応できるはずで、屋上屋を重ねるという評価です。

　ただ円卓会議の議論が充実していましたし、それへの積極的評価も生まれてきました。こうしたプロセスもあって条例を提案したときは、全会一致での賛同を得ることができました。

松下　繰り返しになりますが、私もこの円卓会議の構成や運営を高く評しています。審議は、いつもは賛否が分かれる新城市議会ですが、これは全員賛成ですね。

穂積　はい。でもいつもいつも割れていた訳ではないんですよ……（笑）。

6. 政策の推進及び今後の課題・持続可能な政策になるために
(1) 福祉従事者支援施策推進会議
組織の概要・3チームで実行する

長坂　私はこの条例のキモは前文と推進会議の規定だと、機会あるごとに言っています。

松下　条例に基づく推進組織は3チームで構成されていますね。

前澤　魅力発信、連携推進、事業所支援の3チーム（部会）です。

長坂　市内福祉関係団体等（社会福祉協議会、介護サービスネットワーク協議会、障害者自立支援協議会、ボランティア連絡協議会、社会福祉法人連絡協議会、自治振興事務所、市民）の代表者と健康福祉部による連絡協議会というか連合体のような組織となっています。そして、さらにそれらの団体か

ら委員（代表を含む）を選出して、３部会が構成されています。

活動内容・2022 年度から動き出す

松下　2022年度から早速、事業を始めていますね。

長坂　はい、そうです。今年度は会場の都合もあり、三つのチームが合同で第１回しんしろ福祉フェスというイベントを開催しました。そこに３チームの具体的企画を全て盛り込みました。

松下　12月18（日）に、第１回しんしろ福祉フェスがありました。私も顔を出しましたが、手作り感満載の温かな会でしたね。

前澤　ありがとうございました。松下先生、穂積さん、川窪さんに見ていただけてよかったです。初めての開催で反省材料は山ほどありますが、事故やもめごともなく終えてホッとしています。次に続く「大反省会」を推進会議の場でしたいと思います。

次の課題・推進する組織として

長坂　今のところ福祉従事者支援施策推進会議は、穂積さんが議会答弁で言及された市長の諮問機関的なものではありません。よって近い将来、施策の進捗状況の管理、修正、見直し提言などを行なう機関と施策推進の実行部隊とに機能分化していくのではないかと思っています。

前澤　自治基本条例のときに市民自治会議を設定したように、この条例が実施されていくことを確かめるところが必要だと感じました。

松下　スタート時なので実行部隊的な運営でいいかと思いますが、条例第９条には、「前条の施策の推進を図るため、新城市福祉従事者支援施策推進会議を置く」とされているので、進捗状況の確認や推進の停滞等を是正する必要があれば、積極的に議題とする諮問提案型の運営も可能ですね。ただ、待っていても動かないので、今後、委員側で積極的に提案していくことが必要です。

穂積　推進会議がエンジンです。

(2) 今後の課題・展望
市民への周知・一人でも多くの市民に

松下　福祉従事者を支える政策を広めるには、一人でも多くの市民が、その意義や必要性を理解し、共感することです。まだまだ十分ではありません。

長坂　本当にこの稀有な条例による施策は今始まったばかりです。まずは知ってもらうことです。この条例があるということを福祉関係者でも知らない人がいます。よって、市民への周知の前に、もしくは並行して福祉関係者へもっともっと周知を図るべきだと思います。それには、今回の福祉フェスのように福祉関係者が分野・領域を超えて、まずは一緒に動くことではないでしょうか。そしてその姿を市民の人たちにリアルに見て知ってもらう機会を作っていくことではないでしょうか。

松下　私も機会あるごとに紹介しています。今後どんなことをして、市民への周知を図る予定ですか。

前澤　「地域共生社会」とか「重層的支援体制」という言葉が福祉関係者のなかでは交わされていますが、多くの市民には知られていません。「おたがいさま」のまちづくりのきっかけに、この条例がなるのではないかと思います。

穂積　松下先生にこの討議の場を設けていただいたおかげで、前澤さん、長坂さん、川窪さんたちのそれぞれの立場、視点からの話をじっくりお聞きすることができました。その振り返りによって、あらためて今回の事業の全体像や切実な背景が浮かび上がってきたと思います。福祉事業に携わる方々にとっては、職種や地域の違いなく共感していただける部分がたくさんあると思います。

　一方、福祉の現場では児童、高齢（介護）、障がいの違いにかかわりなく、時として目を覆いたくなるような虐待や凄惨な事件が起きることがあります。そこが社会から閉ざされたままになっていると、生活介助をする側が受ける側に対して絶対的強者となる支配関係が生まれる場合があります。これは家族間介助でも起きてきたことです。

　医療と並んで福祉が、人間の生存機能そのものに介入する力を持っているからですが、それだけにそこには日々もの凄いストレスがかかり、葛藤が

渦巻いていることが分かります。

　福祉事業を正しく評価することは、決して美談を仕立てることでありません。社会全体でその重みを受け止め、そこで行われている仕事にふさわしい処遇になっているかをたえず検証することです。

　福祉の事業に直接に携わっていなくても、福祉の恩恵を結局は受けることになるすべての人々に目を向けてほしいことがここにある。条例やそれに伴う諸事業をその訴求材にしていくことだと思います。

活動を持続するために

松下　福祉従事者を支える政策は地味で息の長い取り組みが必要になります。そのためのヒントや決意をお願いします。

前澤　福祉従事者を支えると同時に市民同士支え合うために、さまざまなつながりをつくっていくことが必要だと考えます。可能なら、地域自治区に福祉を考える会ができたらいいと思います。

長坂　私は市民への周知に向けて福祉従事者支援施策推進会議に条例前文の見える化を要望します。もちろん前文は文字になっていますが、できればそれにイラストや図表（年表や人口動態のグラフなどを含む）などを加えて、より分かり易く学び合うものにできるとよいと思います。

　そのためには、この本はとても有効です。条例誕生の経緯と条例の目指すものがしっかりまとめられています。この本を活用して福祉・介護の過去、現在、未来を考える機会をつくっていくのです。それは施設や事業所の研修でもよいですし、地域自治区としての活動でもよいと思います。誰もが福祉・介護は我が事であるということが見えてくると思います。

　第1回しんしろ福祉フェスの基調講演も「地域共生社会とは何ぞや」という視点で前文の見える化を試みました。このように形を柔軟に変化させて継続していきたいです。

穂積　市長退任後しばらくしてから、市内のある介護施設で職員研修をやるので何か話をしてくれとの要請があり、出向きました。この条例を主なテーマにお話ししたのですが、若手中心の職員皆さんのなかで条例を知っている方は皆無に近い状況でした。福祉現場でのスキルアップやキャリア形成がど

んどん取り組まれていくこと、その促進材として条例とそれに基づく施策が役立ってくれればと願っています。

川窪　地域協議会（地域活動交付金）の仕組みの見直しの一環としてできることが望ましいと以前（地域公共交通担当時）から感じていました。声を届けられない人の声を、行政や主に支える側に立つ人が代理者・代弁者として、潜在化している困り感を伝えることで、地域課題として広く認識され、条例の根底にある理念や思いの理解が深まり、自発的な共助の行動（地域共生社会）に自ずとなっていくと思います。

松下　今は、制定のメンバーが残り、制定の余韻でいけると思います。この勢いを持続し、バトンタッチしていくことが大事ですし、その分、難しいことだと思います。今から、その対策を始めながら、新城の地にしっかり根付く政策にしてほしいと思います。期待しています。

　本日はありがとうございました。

参考

新城市福祉従事者がやりがいを持って働き続けることができる
まちづくり条例

　私たちは、誰もが元気に住み続けられ、世代のリレーができるまちをめざして、共につながり、共に支え合う活動を何よりも大切にしています。

　人は誰でも生涯のなかでさまざまな困難に出会います。いかなる困難なときであっても、人間の尊厳が守られ、誰もが個人として尊重され、それぞれの幸福を追求する権利が保障されるためには、社会福祉の事業が不可欠です。

　社会福祉の事業は、先人たちの不断の努力により、多方面にわたって目覚ましい発展を遂げてきました。今日では福祉サービスが、生涯にわたるセーフティネットの役割を果たしています。

　このため、福祉サービスの担い手は、国・地方自治体をはじめとする公共機関はもとより、社会福祉法人、民間企業体、市民活動団体、地域住民団体、そして家族・親族や近隣関係に至るまで、多方面に広がっています。

　同時に、福祉サービスが所期の目的を果たし、利用者の暮らしの質を保てるようになるためには、対象領域ごとに専門的な知識や技能を身につけ、目的意識を持って仕事や活動にあたる人々を必要とします。事業経営、職業、ボランティア活動等の別なく、これらに関わりを持つ人々のことです。さらには、福祉の仕事を志す人や社会福祉の経験等を持ち、潜在している人々を含め福祉人材ということができます。

　しかし、少子化と人口減少、「人生100年時代」と言われる超高齢社会に入るなかで、福祉人材の育成と確保が各地で困難になっています。

　この現状を克服して、福祉サービスを持続的に供給し、社会の変化に対応して発展させるためには、人に寄り添い、人生の伴走者として共に生きる福祉従事者の仕事や活動が、それにふさわしい敬意と社会的評価を受けられるようにすることが不可欠です。

　私たちは、誰もが支え手・提供者であり受け手・受益者であると言う社会福祉の事業の本質と、それが高い水準を保って持続するためには、福祉従事者の仕事や活動を正当に評価し、福祉従事者自身もそれに応えて常にその力を高めていくことが求められるという社会福祉の事業の今日的課題を自覚し、市民共通の理解としたいと考えます。

以上の主旨に基づき、福祉従事者がやりがいを持って働き続けることができる地域社会の実現と、そこに向けて、福祉従事者、事業者、市民、及び市が力を合わせて、共につながり、共に支え合う地域共生社会の構築を図るために、本条例を制定します。

（目的）

第1条　この条例は、福祉従事者がやりがいを持って働き続けることができる地域社会を実現するため、福祉従事者の支援に関し、基本理念を定め、福祉従事者、事業者、市民及び市の責務を明らかにするとともに、これらの者の連携その他の基本的な事項を定めることにより、福祉従事者の支援に関する施策を総合的かつ計画的に推進することを目的とする。

（定義）

第2条　この条例において、次の各号に掲げる用語の意義は、当該各号に定めるところによる。

　(1)　福祉従事者　市内で福祉サービスに従事する者をいう。

　(2)　事業者　市内で社会福祉を目的とする事業を営む者をいう。

　(3)　市民　新城市自治基本条例（平成24年新城市条例第31号。以下「自治基本条例」という。）第2条第2号に規定する市民（前2号のいずれかに該当する者を除く。）をいう。

　(4)　市　自治基本条例第2条第3号に規定する市をいう。

（基本理念）

第3条　福祉従事者の支援は、福祉従事者、事業者、市民及び市が、地域における社会福祉及び地域共生社会の重要性を十分に認識するとともに、互いに助け合い、理解を深めながら、相互に連携し、及び協力し、福祉従事者がやりがいを持って働き続けることができる地域社会の実現を目指すことを基本理念として行うものとする。

（福祉従事者の責務）

第4条　福祉従事者は、相互に人格と個性を尊重し、並びに福祉従事者としての資質及び福祉サービスの質の向上に努めるものとする。

（事業者の責務）

第5条　事業者は、福祉従事者の労働環境の向上及び人材の育成並びに事業者間の連携及び協力に努めるものとする。

（市民の責務）

第6条　市民は、自らが社会福祉を享受し、かつ、提供する者であることを踏まえ、福祉従事者の人格と個性を尊重し、市民、福祉従事者及び事業者間の相互の支

え合いに積極的に取り組むよう努めるものとする。
　（市の責務）
第7条　市は、福祉従事者がやりがいを持って働き続けることができる地域社会の
　実現のために必要な支援に努めるものとする。
　（推進施策）
第8条　福祉従事者、事業者、市民及び市は、福祉従事者がやりがいを持って働き
　続けることができる地域社会を実現するため、相互に連携し、及び協力し、次
　に掲げる施策を行うものとする。
　(1)　福祉従事者の資質及び福祉サービスの質の向上を図ること。
　(2)　福祉サービスに従事しようとする者及び社会福祉を目的とする事業を始め
　　ようとする者を支援すること。
　(3)　社会福祉を目的とする仕事及び活動について、知り、及び学ぶ機会を創出
　　すること。
　(4)　福祉従事者及び事業者並びに福祉に関する団体の相互の連携及び協力の関
　　係を構築すること。
　(5)　福祉従事者及び事業者並びに福祉に関する団体を支援し、及びこれらのも
　　のの社会的評価の向上を図ること。
　（新城市福祉従事者支援施策推進会議）
第9条　福祉従事者、事業者、市民及び市は、前条の施策の推進を図るため、新城
　市福祉従事者支援施策推進会議を置く。
2　　新城市福祉従事者支援施策推進会議の組織及び運営については、会議に諮っ
　て別に定める。
　（委任）
第10条　この条例の施行に関し必要な事項は、市長が別に定める。

　附　則
　　この条例は、公布の日から施行する。

おわりに

　私は、この福祉従事者を支える政策を高く評価している。どんな政策も、それを支える人がいてこそ機能する。しかし、近年、この点の空洞化が顕著で、外見だけ、見てくれだけのハリボテの政策が目立つようになった。そんななか、新城市が、福祉従事者に焦点を当てた政策に取り組むと聞いて、心強く思い、できる範囲で、その後押しをしてきた。

　この政策づくりの発想は穂積さんである。私は政策起業家なので、本来ならば私がまっさきに提案すべきであるが力及ばず、一歩、出遅れてしまった。ならば、この政策を世間に知らせ、自治体の標準装備にするのが、私の次の役割となる。そんな趣旨で本書を企画した。

　福祉従事者を支える政策を含む自治体の政策は、その多くは市長だけがいくら旗を振ってもそれだけでできるものではない。これを支え、実践する市民や職員の存在と活躍が不可欠である。その意味で、新城市の福祉従事者を支える政策づくりは、多くの関係者の「思いと汗」の上に出来上がっているが、その雰囲気を少しでも伝えたいと、第2章の関係者による座談会で、大いに語ってもらった。

　本書を読むうちに、自分のまちでも福祉従事者を支える政策を考えてみようと思ったら、ぜひ新城市に問い合わせてほしい。気さくに、しかも真摯に相談に乗ってもらえると思う。

松下啓一

編著者

松下啓一（地方自治研究者・政策起業家、元相模女子大学教授）
専門は現代自治体論、「励ます地方自治」を展開。26年間の横浜市職員時代は、総務・環境・都市計画・水道などで調査・企画を担当。著書に『自治するまちのつくり方・愛知県新城市の「全国初の政策づくり」から学ぶもの』（2021年　イマジン出版）など。

穂積亮次（前・愛知県新城市長）
2004年11月より愛知県南設楽郡・旧鳳来町長。2005年旧新城市、鳳来町、作手村の3市町村による新設合併で誕生した新・新城市の初代市長に選出され、同年より2021年11月まで4期16年間市長をつとめる。「住民主役のまちづくり」に力を入れ、自治基本条例や地域自治区制度の導入をはじめ、全国初となる若者議会の創設、市長選挙公開政策討論会の公設化などに取り組む。著書に『自治する日本』（単著、2016年　萌書房）、『自治体若者政策・愛知県新城市の挑戦—どのように若者を集め、その力を引き出したのか』（共著、2017年　萌書房）など。

前澤このみ（新城市社会福祉協議会会長）
家族介護のため退職後、みかわ市民生活協同組合（現コープあいち）理事、NPO法人自立支援センター四岳館事務局長、新城市自治基本条例検討会議委員長を歴任し、現在、NPO法人てほ理事、新城市市民自治会議副会長、新城市社会福祉協議会会長。福祉従事者を支える政策では、福祉円卓会議会長、福祉条例検討会議委員長を経て、福祉従事者支援施策推進会議座長。

長坂　宏（社会福祉法人新城福祉会業務執行理事、社会福祉士）
1980年立命館大学卒業、その後23年間豊川市で障害者施設の現場職員として知的・発達障害の人たちを支援する。2003年新城市にてレインボーはうす立上げに参画し現在に至る。福祉円卓会議ではアドバイザーを務める。愛知県障害者自立支援協議会委員、NPO法人東三河後見センター理事。

川窪正典（新城市産業振興部副部長・産業自治担当）
平成2年新城市役所入庁（愛知大学法経学部経営学科卒）。穂積市政2期目で保護者の働き方等で子どもの保育・幼児教育環境が影響されない市独自のこども新城版こども園の制度設計と実施を担当。穂積市政3期目に新城福祉円卓会議の立ち上げに関わる。

「支える人を支える」まちを創る

福祉従事者がやりがいを持って働き続けることができる
まちづくり条例（新城市）の意義・展望

2023 年 9 月 28 日　第 1 刷発行　（定価はカバーに表示してあります）

著　者　　松下　啓一　　　穂積　亮次

　　　　　前澤このみ　　　長坂　　宏

　　　　　川窪　正典

発行者　　山口　章

発行所　　　名古屋市中区大須 1-16-29　　　　　風媒社
　　　　　振替 00880-5-5616 電話 052-218-7808
　　　　　　http://www.fubaisha.com/

＊印刷・製本／モリモト印刷　　　　　乱丁本・落丁本はお取り替えいたします。

ISBN978-4-8331-1565-0